dtv

Laura, die ihre Mutter mit Hilfe der Tränenkugel auch sehen kann, wenn sie weit fort ist; Philipp, der mit Anleitung des kleinen Schornsteinfegers lernt, auf andere Kinder zuzugehen und sie anzusprechen; Bastian, der mit Globulo vom Stern Globulus erkennt, daß auch altes Spielzeug Freude machen kann – diese und andere Figuren bevölkern Gerlinde Ortners neues Märchenbuch, mit dem sie sich an Eltern und Kinder im Grundschulalter wendet. Auf bewährte, spielerische Art sollen die Geschichten dabei helfen, die für dieses Alter spezifischen Ängste und Unsicherheiten zu bewältigen, und laden ein, Probleme wie die Helden der Geschichten zu lösen. Die Erläuterungen der Autorin in den Abschnitten »Was Eltern zu den Märchen wissen müssen« helfen wiederum den Eltern, auf sogenannte Störungen des kindlichen Verhaltens richtig zu reagieren.

Gerlinde Ortner, geboren am 8. Oktober 1945 in Schärding in Österreich, studierte Psychologie und Anthropologie und promovierte 1972 an der Universität Wien. Sie lebte mehrere Jahre in Spanien und war dort als Psychotherapeutin und Schuldirektorin tätig. Heute arbeitet sie als Psychotherapeutin, Psychologin und Supervisorin in Wien und schreibt vielbeachtete Kolumnen in Zeitungen und Zeitschriften. Als Buchpublikation ist erschienen: ›Märchen, die Kindern helfen. Geschichten gegen Angst und Aggression für Kinder von 3 bis 7 Jahren‹ (1991).

Gerlinde Ortner

Neue Märchen, die Kindern helfen

Geschichten über Streit, Angst und Unsicherheit,
und was Eltern darüber wissen sollten
Für Kinder von 6 bis 10 Jahren

Mit Illustrationen von
Klaus Pitter

Deutscher Taschenbuch Verlag

Von Gerlinde Ortner
ist im Deutschen Taschenbuch Verlag erschienen:

›Märchen, die Kindern helfen‹ (35065)

Ungekürzte Ausgabe
April 1996
2. Auflage April 1997
Deutscher Taschenbuch Verlag GmbH & Co. KG, München

ISBN 3-7015-0316-8
Umschlagkonzept: Balk & Brumshagen
Gesamtherstellung: C.H. Beck'sche Buchdruckerei, Nördlingen
Gedruckt auf säurefreiem, chlorfrei gebleichtem Papier
Printed in Germany · ISBN 3-423-35103-9

Inhaltsverzeichnis

Vorwort

In diesem Buch sind die Märchen bzw. Geschichten als Mittler, als Bestandteil eines hilfreichen Dialogs zwischen Erwachsenen und Kindern gedacht. Die Geschichten und ihre Erläuterungen sollen helfen, die durch die familiäre Situation bedingten Konflikte aufzudecken, sie gemeinsam zu mindern und soziale Probleme abzubauen. Es werden – wie beim ersten Buch ›Märchen, die den Kindern helfen‹ – auch in diesem wieder konkrete Anleitungen zur gemeinsamen Problembewältigung angeboten, jedoch sind die Geschichten und deren Erläuterungen nicht als Therapieersatz oder als der Problemlöser schlechthin gedacht.

In diesem Buch werden die Kinder motiviert, die betreffende Geschichte und die darüber gewonnenen Eindrücke zu illustrieren. Die Kinder haben dadurch die Möglichkeit, nicht nur den Inhalt besser zu verarbeiten, sie können auch eigene Gedanken und Empfindungen sichtbar machen. Die Illustrationen der Kinder sind wieder eine Beziehungsbrücke zwischen Eltern und Kind, eine Hilfe zu einem erweiterten Gespräch, zum besseren Verstehen des kindlichen Erlebens.

Das Hauptziel des Buches ist, in der Eltern-Kind-Beziehung das Gemeinsame zu fördern und dabei zu helfen, das Kind in seinem Empfinden richtig verstehen zu lernen. Es reicht daher nicht, wenn die Kinder in den Geschichten über ihre Probleme lesen, ebensowenig wenn ihnen daraus vorgelesen wird. Es reicht auch nicht, wenn sich Eltern nur theoretisch informieren, wie sie die Schwierigkeiten ihrer Kinder handhaben können. Nur das gemeinsame Besprechen der Geschichten, bezugnehmend auf die eigene Problematik, auf eigene Konflikte, auf das eigene Empfinden, führt zum Verstehen und Sich-verstanden-Fühlen.

Dr. Gerlinde Ortner

Die Märchen

Der verrückte Fernsehapparat

Petra, Jürgen und Eva sind Freunde. Jetzt stellst du dir vielleicht vor, daß sie einander besuchen, gemeinsam etwas unternehmen, eben all das miteinander machen, was richtige Freunde tun. Weit gefehlt! Petra, Jürgen und Eva sehen einander nur in der Schule. Warum das so ist? Eva wohnt in einem anderen Bezirk der Stadt. Petra und Jürgen sind zwar Nachbarn, aber sie haben nie Zeit füreinander. Jede freie Stunde verbringen sie vor dem Fernsehapparat.

Wenn sie in der Schule miteinander plaudern, dann wird auch nur über das Fernsehen gesprochen. Petra und Jürgen versuchen einander zu überbieten, wenn es darum geht, wer von ihnen am Tag zuvor mehr Filme gesehen hat. Eva sieht natürlich auch gerne fern, aber bei ihr ist es umgekehrt. Sie hat keine Zeit für langes Sitzen vor dem Fernsehapparat. In ihrer Familie ist ständig etwas los. Eva hat viele Geschwister, zu denen oft Freunde auf Besuch kommen, und da will niemand die ganze Zeit nur fernsehen.

Petra und Jürgen könnten, da sie Nachbarn sind, jeden Tag miteinander Filme anschauen. Aber Jürgen interessiert sich nur für Krimis, Zeichentrickfilme und Sportsendungen. Petra hingegen möchte auch Shows und Familienserien sehen. Außerdem: Wenn sie gemeinsam fernsehen würden, dann könnten sie einander in der Schule nicht mehr übertrumpfen und wüßten vielleicht auch gar nicht mehr, worüber sie miteinander sprechen sollten. So bleiben also die drei Freunde weiterhin in ihrer Freizeit voneinander getrennt.

Petra sitzt bereits den ganzen Nachmittag vor dem Fernsehapparat. Da das Gerät schon so lange läuft, wird es warm und wärmer, heiß und heißer. Petra erwartet gespannt das Ende des Films, aber knapp davor kommt plötzlich Werbung. Obwohl Petra an und für sich gerne Werbungen sieht, ärgert sie sich, daß die Spannung dadurch unterbrochen wird. Die Werbung dauert und dauert, immer wieder werden dieselben Werbespots wiederholt. Das wird sogar Petra zuviel, und sie schaltet auf einen anderen Kanal. Aber eigenartig, auch hier gibt es dieselben Werbeeinschaltungen. Petra springt von einem Kanal zum anderen, aber überall empfängt sie nur Werbung, Werbung und wieder Werbung.

»Na gut, irgendwann wird schon wieder ein Film gespielt werden«, tröstet sie sich und bleibt beharrlich vor dem Fernsehapparat sitzen. Sie spricht jeden einzelnen Werbespruch mit, da sie alle Texte bereits auswendig aufsagen kann. Petra denkt an Jürgen, dem sie morgen in der Schule sicher mit der Hülle und Fülle von Werbesprüchen imponieren wird, und läßt sich weiter davon berieseln.

Bumm, bumm, dideldumm, tattatüü, tätteräa, poch, poch hämmern sich die Sprüche in ihr Gehirn. Petra kann an gar nichts mehr denken. Sie hat sogar bereits vergessen, daß sie das Ende des Films noch gerne gesehen hätte.

Bumm, bumm, dideldumm, tattatüü, tätteräa, poch, poch klopfen die Sprüche jeden anderen Gedanken weg. Petra bleibt unbeweglich sitzen und starrt weiter auf den Bildschirm. Plötzlich wird sie durch das Läuten an der Tür aufgeschreckt. Jürgen ist zu ihr herübergestürmt, und aufgeregt sagt er zu Petra: »Dein Pullover ist aber weich! Ist er neu? Nein, er ist mit . . . Halt! Ich will dich

ja ganz etwas anderes fragen. Ist dein Zweitonkanalempfänger ... äh ... ist dein Sonderangebot mit lebenslanger Bildröhrengarantie ... äh ... ist dein, ist dein Fernseher auch verrückt? Ich sehe seit Stunden nur Ultra-Super-Mega-Werbung, Werbung, Werbung, Werbung und nichts anderes! Am Nachmittag hätte das Fußballspiel übertragen werden sollen ... unsere Mannschaft bleibt gesund, denn alle lieben Muski-Trunk ... aber es gibt auf jedem Kanal ... wer Kanal hat, hat die Wahl ... Hilfe, ich kann nicht mehr normal sprechen, ich werde auch bald verrückt! Ich wollte sagen, es gibt bei mir auf jedem Kanal nur mehr blöde Werbung zu sehen.«

Petra versteht nicht, was Jürgen so aufregt, sie hört nur die Werbesprüche. »Dein Hemd hat einen Grauschleier und keine leuchtenden Farben. Deine Mutter hat es sicher nicht mit Reina gewaschen.«

»Du spinnst ja auch schon!« ruft Jürgen erschrocken aus. »Dein Fernsehapparat scheint die gleiche Krankheit wie meiner zu haben ... zu Risiken und Nebenwirkungen lesen Sie die Packungsbeilage ...« Jürgen hält sich entsetzt den Mund zu.

»... und fragen Sie Ihren Arzt oder Apotheker«, ergänzt Petra automatisch.

Das ist Jürgen zuviel, und er läuft in seine Wohnung zurück.

Am nächsten Tag kommen Petra und Jürgen zu spät in die Schule. Unausgeschlafen, mit glasigen Augen setzen sie sich geschwind auf ihren Platz. Petra zischelt Jürgen zu: »Isi-Erfrischungsgetränk macht müde Männer munter. Kinder wollen nur Bellops Patschinat zum Frühstück.«

Die Lehrerin ruft Petra sofort auf, damit sie nicht wei-

ter mit Jürgen schwätzt: »Sag mir, wieviel ist sechs mal drei?«

»Cox, das Freilandhühner-Ei«, antwortet Petra.

»Was soll das?! Versuch es nochmal«, sagt die Lehrerin streng.

»Die zarteste Versuchung, seit es ...«, fängt Petra zu singen an. Alle Kinder lachen, nur Jürgen nicht. Denn Jürgen weiß, daß sie beide von ihren verrückten Fernsehgeräten krank gemacht worden sind.

»Laß den Unsinn, Petra!« ermahnt die Lehrerin. »Das ist eine Prüfung, kein Spaß.«

»Spaß und Spiel in einem, mit dem Kinder-Überraschungs-Würfel«, rutscht es Petra heraus.

Die Lehrerin wird wütend, und keiner wagt es mehr zu lachen. »Was ist los mit dir?! So frech kenne ich dich gar nicht!«

Petra senkt unglücklich den Blick.

»Schau mich an, wenn ich mit dir spreche«, sagt die Lehrerin erbost.

Petra sieht der Lehrerin ins Gesicht und wieder rutscht ihr ein Werbespruch heraus: »Glätto, die Faltencreme für Frauen über vierzig.«

»Halt sofort den Mund!« brüllt die Lehrerin.

»Hafto, der beste Halt für Ihre dritten Zähne«, entschlüpft es Petra, aber bevor sie noch weitere Werbesprüche sagen kann, hält ihr Jürgen jetzt ganz fest den Mund zu.

»Petra kann nicht allein ... Kariesteufel ... mhmhm ... frischer Atem mit ... mhmhm ... den Mund halten. Wir sind zu lange vor dem Multicol ... mhmhm ... Fernsehapparat gesessen. Plötzlich haben unsere Hifi ... mhmhm ... Geräte verrückt gespielt und nur ... babababambam ... mhmhm ... Werbung gesendet. Wir sind

davon krank geworden. Petra kann nichts dafür, wenn sie so dumm antwortet. Wir müssen zu jedem Wort einen passenden Werbespruch sagen, ob wir wollen oder nicht. Petra hat es ärger erwischt ... bei Schnupfen, Husten, Heiserkeit ... mhmhm ... als mich, denn ich habe nicht so lange wie sie ferngesehen. Wir brauchen Hilfe ... Wir brauchen unsern Logi-Bär, denn keiner hilft ... mhmhm ... wie er.« Klatsch, Jürgen schlägt sich auf den Mund. »Sehen Sie jetzt unser Problem?!« zischt er zwischen den zugepreßten Lippen hervor.

Jetzt versteht die Lehrerin. »Das ist wirklich eine schlimme Sache. Wie könnte man euch bloß helfen?«

Da meldet sich Eva. »Wir alle schauen uns Fernsehprogramme und Werbung an. Trotzdem spielen unsere Geräte nicht verrückt, und wir werden auch nicht krank. Es liegt nur daran, daß ihr euch täglich alles, was gespielt wird, anseht. Das ist natürlich viel zu lang und läßt den Fernseher heiß laufen. Ich versichere euch, wenn ihr ...«

»Hoffentlich – alle ganz – versichert!« bemerkt Jürgen. Petra ergänzt sofort: »Eine sichere Zukunft mit der Lebensversicherung von Ihrer ...«

»Hört auf!« unterbricht Eva die beiden. »Ich versi ... Ich kann euch helfen, wenn ihr meinen Vorschlag annehmt: Bei euch zu Hause herrscht ab nun für einige Zeit Fernsehverbot. Ihr kommt jeden Nachmittag nach der Aufgabe zu mir. Wir studieren gemeinsam ...«

»Ein voller Bauch studiert nicht gern ...«, rutscht es schon wieder Petra heraus.

Eva beachtet sie diesmal nicht: »Also, wir studieren gemeinsam, was das Fernsehen an diesem Nachmittag zu bieten hat, und wählen nur das Programm aus, das uns alle interessiert. Na ja, Jürgen, wenn es eine spannende Sportsendung gibt, dann darfst du sie dir ausnahmsweise

auch allein anschauen. Die Zeit, die wir nicht fernsehen, verbringen wir mit Spielen oder Tratschereien. So werdet ihr ganz sicher nach und nach wieder gesund.«

Jürgen und Petra sind einverstanden. Sie nicken nur mit den Köpfen, damit ihnen nicht wieder ein Werbespruch entschlüpft.

Die nächsten Tage verlaufen noch fürchterlich. Wenn Petra zum Beispiel von der Mutter gefragt wird, was sie trinken möchte, dann muß sie einen Getränke-Werbespot nach dem anderen herunterleiern, ohne ihren Wunsch aussprechen zu können. Am ärgsten ist das Einkaufen. Kaum betritt Petra ein Geschäft, sprudeln aus ihr alle Werbesprüche heraus, die zu dem Warenangebot passen. Zuerst lachen die Kunden und Verkäufer über sie. Aber als Petra nicht zu stoppen ist, schütteln sie nur den Kopf über das verrückte Mädchen.

In ihrer Not hat sich Petra den Mund mit einem Tuch zugebunden, als ob sie Zahnweh hätte. Nur bei Eva bleibt sie ohne Tuch, denn Jürgen paßt auf sie auf und hält ihr rechtzeitig den Mund zu.

Endlich – nach einer Woche – geht es den beiden von Tag zu Tag besser. Die gemeinsamen Fernsehstunden bei Eva sind immer vergnüglicher. Aber noch mehr Spaß bereiten ihnen die Spiele mit Evas Geschwistern und deren Freunden. Es ist sogar ein paarmal vorgekommen, daß sie die eine oder andere Fernsehsendung ganz ausgelassen haben. Sie haben einfach vergessen, das Fernsehgerät einzuschalten.

Seit diesem »Fernsehtraining« plaudern Petra, Jürgen und Eva viel mehr miteinander. Sie sprechen nach wie vor über Fernsehsendungen, aber sie reden auch über

andere interessante Dinge. Sie lachen und scherzen, planen und organisieren. Sie wissen mit ihrer Freizeit viel anzufangen. Eigentlich sind sie erst jetzt richtige Freunde geworden.

Zeichne oder male etwas aus deiner Lieblings-Fernsehsendung und was du vor und nach dem Fernsehen gerne machen möchtest.

Der Zehnkampf

Jedes Jahr veranstaltet die Schule gemeinsam mit den Nachbarschulen einen Wettbewerb. Vor zwei Jahren gab es den Musikwettbewerb, voriges Jahr den Theaterwettbewerb, und heuer war Zehnkampf angesagt.

Markus hat den Zehnkampf gewonnen. Er ist Klassensprecher und hat auf die Schüler den größten Einfluß. Jetzt wird er von den Mitschülern natürlich noch mehr bewundert. Er ist eindeutig der Held der Klasse, und keiner würde es wagen, sich gegen ihn zu stellen.

Kaum ist ein Wettbewerb vorbei, wird schon der nächste geplant. Im kommenden Jahr soll ein Malbewerb veranstaltet werden. Markus ist dagegen. »Wir protestieren«, befiehlt er den Kindern, »ein Malwettbewerb ist viel zu langweilig. Wir stimmen wieder für eine Sportart. Wenn schon ein Wettbewerb, dann soll er spannend sein und einen wirklich Starken zum Sieger machen.«

Daß Markus nur deswegen gegen den Malwettbewerb spricht, weil er ein ganz schlechter Zeichner ist und es nicht verträgt, zu den Verlierern zu zählen, das durchschauen die Kinder nicht. Obwohl einige lieber gemalt hätten, wagen sie es nicht, Markus zu widersprechen, und stimmen ihm zu.

Nur einer schlägt sich nicht auf Markus' Seite, aber er spricht auch nicht dagegen. Er hält sich völlig im Hintergrund. Auf ihn hätte sowieso niemand gehört – nicht deshalb, weil ihn keiner leiden kann, manche sind sogar sehr nett und hilfsbereit zu ihm. Die Klasse nimmt in vielen Dingen auf ihn Rücksicht. Aber er wird nicht ernst

genommen, er gehört nicht zu den anderen und hat somit nichts zu sagen. Er ist kein langweiliger Junge und hat auch viele Talente. Wenn er früher schon in der Klasse gewesen wäre, hätte er vor zwei Jahren ganz sicher den Musikwettbewerb gewonnen. Er kann auch ausgezeichnet malen und weiß zu seinen Bildern so viele interessante Geschichten zu erzählen. Doch von alldem nehmen die Kinder wenig Notiz. Sie sind nicht grausam oder garstig zu ihm, sie schließen ihn auch nicht bei allem aus, aber sie sehen ihn auch nicht als einen der Ihren an.

Eigenartig, nicht wahr? Warum das so ist? Lukas, so heißt der Junge, sitzt im Rollstuhl. Er kann seine Beine nicht bewegen.

Markus, als Klassensprecher, verkündet der Lehrerin, daß die Klasse einstimmig gegen den Malwettbewerb im nächsten Jahr gestimmt hat.

»Ob er stattfindet oder nicht, das habt nicht ihr allein zu entscheiden. Aber keiner von euch wird gezwungen, daran teilzunehmen«, sagt die Lehrerin verärgert.

Die Monate vergehen, niemand aus Markus' Klasse hat sich für den Malwettbewerb, der nun doch stattfinden wird, angemeldet.

An einem Sonntag fährt Markus wie ein Wilder mit seinem Skateboard bergauf, bergab. Die Erwachsenen schütteln den Kopf, die Kinder staunen über seine Künste. Das spornt Markus an, und seine Raserei wird immer gewagter. Er nähert sich einem Hügel. »Der ist für mich kein Hindernis!« denkt Markus, geht in die Knie und saust darüber. Pflatsch!

Hinter dem Hügel liegt ein tiefer Teich. Das Skateboard schwimmt nun einsam darauf wie ein kleines Floß. Von Markus ist nichts zu sehen.

Als Markus wieder das Bewußtsein erlangt, wird er gerade von einem Karpfen mit Hilfe eines leeren, luftgefüllten Schneckenhauses beatmet. »Du hast dir bei dem Unfall die Arme verstaucht. Du kannst erst wieder auftauchen, wenn deine Arme kräftig sind«, erklärt ihm der Karpfen. »Du bist von unserer Hilfe abhängig, wir werden dich daher weiter mit Schneckenhäusern versorgen, damit du Luft bekommst. Mehr können wir für dich nicht tun. Wir müssen nämlich im Training bleiben, da uns der schreckliche Hecht nachstellt. Du mußt also versuchen, ständig in unserer Nähe zu sein.«

»Ich kann euch doch nicht so schnell folgen. Ich habe keine Flossen, und mein Körper ist nicht so beweglich wie eurer. Ich bin daher unter Wasser behindert«, klagt Markus.

»Warum jammerst du? Ich hab' dir doch gesagt, daß wir dich nicht im Stich lassen. Sei dankbar dafür!« blubbert ihm der Karpfen zu und schließt sich den anderen Gefährten an.

Markus hat Mühe, den Schwarm der Karpfen nicht aus den Augen zu verlieren. Mit einer Hand muß er das Schneckenhaus an den Mund halten, um atmen zu können, der andere Arm tut weh und ist zu schwach, um richtige Schwimmtempi zu machen. Es bleiben ihm also nur seine Beine, die ihm hier ziemlich wenig nützen. Markus muß sie zum Steuern und zum Fortbewegen verwenden, sie ersetzen aber keineswegs den wichtigen Fischschwanz. Er ist überfordert und völlig erschöpft. Markus fühlt sich hilflos, einsam und verlassen, obwohl ihn, wie versprochen, keiner der Karpfen im Stich läßt. Immer wieder schwimmt einer zurück und versorgt Markus schnell mit einem luftgefüllten Schneckenhaus.

Aber keiner nimmt sich für ihn Zeit, keiner will sich länger von seinem Schwarm entfernen. Keiner denkt daran, daß Markus andere wertvolle Fähigkeiten hat, durch die er sie zum Beispiel vor dem gefährlichen Hecht schützen könnte – sie sehen nur, daß Markus nicht mit ihnen beim Training mithalten kann. Sie sind eben nur dumme Fische.

Da zieht plötzlich etwas an Markus' Bein. Eine Angelschnur hat sich um sein Bein gewickelt, und Markus wird aus den Tiefen des Teichs Ruck um Ruck emporgezogen. Dabei verliert er das Schneckengehäuse, bekommt keine Luft mehr und wird ohnmächtig.

»Das muß ein riesengroßes Exemplar von einem Fisch sein!« freut sich der Fischer, der kräftig an der Schnur zieht. Es braucht eine geraume Weile, bis er die Beute an Land bringen kann. »Ein ertrunkenes Kind!« ruft er entsetzt aus. Doch dann bemerkt er, daß Markus' Herz noch schwach schlägt. Schnell leistet er Erste Hilfe und drückt das Wasser aus den Lungen. Markus schlägt kurz die Augen auf und fällt sofort in einen tiefen Schlaf.

In seinem Traum befindet sich Markus noch immer unten im tiefen Teich. Auch er ist ein Karpfen geworden, und alle Fische haben Menschengesichter bekommen. Der Karpfenschwarm veranstaltet einen Zehnkampf, an dem alle teilnehmen müssen. Markus vergißt, daß er ein behinderter Karpfen ist, und freut sich auf den Wettkampf. Da entdeckt er ein bekanntes Gesicht. Sein Schulkamerad Lukas schwimmt ganz an der Spitze. »Unser Bester«, hört er die Karpfen blubbern, »er wird bestimmt siegen!«

»Die meinen doch nicht etwa Lukas? Lukas ist be ...« Doch bevor Markus diesen Satz zu Ende gedacht hat, schießt es ihm durch den Kopf: »Ich bin ja hier unter Wasser auch behindert! Ich bin an die Schwanzflossen nicht gewöhnt, und es gelingt mir nicht, sie richtig zu bewegen. Ich kann beim Zehnkampf unmöglich in der Gestalt eines Karpfens mitmachen.«

Da aber jeder teilnehmen muß, bleibt Markus nichts anderes übrig, als sich zu beteiligen. Beim Diskuswerfen, zu dem die Karpfen flache Muscheln verwenden, gelingt Markus ein recht guter Wurf, auch beim Schilfrohr-Speerwerfen und beim Stein-Kugelstoßen ist er nicht der Schlechteste. Er hat Glück und erreicht die gleiche Punkteanzahl wie Lukas. Trotzdem feuern die Karpfen nur Lukas an, er ist ihr Favorit. Markus' Leistungen werden zwar beblubbert, aber nicht weiter hervorgehoben. Für Markus ist das ein neues Gefühl, plötzlich jemand Unbedeutender zu sein und im Schatten anderer zu stehen. Ein Gefühl, das furchtbar ist und an das er sich immer erinnern wird.

Bei den nächsten Bewerben, nämlich bei Schilfrohr-Hochsprung und beim Teichschlamm-Weitsprung, muß Markus schon seine ganzen Kräfte zusammennehmen, um nicht vorzeitig auszuscheiden. Jetzt aber kommen die Schwimmbewerbe, der Hürden-Schwimm, der 100-Meter-Schwimm und der 400-Meter-Schwimm. Die Schwimmbewerbe sind für die Karpfen die wichtigsten, da von diesem Können ihr Leben abhängen kann, wenn ihnen ein Hecht nachstellt. Deshalb vergeben sie auch für den Sieg bei den Schwimmbewerben die höchste Punkteanzahl.

»Achtung, fertig, los!« Die Karpfen schießen vom Startplatz weg. Lukas ist der beste Starter und behält

seinen Vorsprung bis zum Ziel. Doch wo bleibt Markus? Markus macht mit seiner Schwanzflosse steife, ungelenke Bewegungen, rudert linkisch herum und kommt kaum vom Fleck.

Lukas wird als eindeutiger Sieger, als hervorragender Kämpfer gefeiert. Markus ist noch immer nicht am Ziel angelangt. Als man gerade Lukas mit Bravorufen aufs Siegespodest hebt, nähert sich ein Hecht, der sich den langsamen Markus als Beute ausgesucht hat. Markus vergißt ganz, daß er jetzt ein Karpfen ist, und bemüht sich nicht einmal, sich zu verstecken. Lukas sieht die Szene von seinem Podest aus und erkennt sofort die Gefahr. Er springt in weitem Bogen vom Podest weg, schießt wie ein Pfeil durch das Wasser, schnappt mit seinem breiten Karpfenmaul Markus' Schwanzflosse und zieht Markus im letzten Moment in den dichten Algenwald. Der Hecht ist so überrascht von der schnellen Wende der Situation, daß er gar nicht mehr versucht, die Verfolgung wieder aufzunehmen.

Die Karpfen sammeln sich um Lukas und Markus. Lukas wird nicht nur als Sieger, er wird nun auch als Held gefeiert. Markus möchte sich für die Rettung bedanken und nähert sich verlegen dem gefeierten Helden. Der älteste Karpfen schwimmt gerade bedächtig auf Lukas zu und hängt ihm die verdiente Goldmedaille um.

Da bringt Markus kein Wort heraus, denn seine Kehle ist plötzlich vor Eifersucht zugeschnürt. Er kennt das Gefühl des bewunderten Siegers, weiß, wie stolz und wichtig man sich dabei vorkommt, und das gönnt er keinem anderen. Neidisch blickt er zu Lukas auf. Doch statt Triumph steht in den Augen von Lukas nur tief empfundene Freude. Die Augen strahlen einen Glanz aus, der jede Eifersucht, jeden Neid vertreibt. Plötzlich freut sich auch Markus mit Lukas über dessen Erfolg.

Noch immer wird Markus vom Strahlen dieser Augen begleitet. Wohlig räkelt er sich. »Endlich! Er erwacht!« hört Markus den Sanitäter rufen. »Na, du hast ja den halben Teich ausgetrunken«, scherzt er. »Bedanke dich bei dem Fischer, der dich aus dem Wasser gezogen und dir Erste Hilfe geleistet hat. Ihm hast du dein Leben zu verdanken.«

»Nein! Lukas hab' ich mein . . .« Markus spricht nicht weiter. Er ist ganz durcheinander. Seine Arme schmerzen wegen der Prellung, und in den Beinen hat er einen Muskelkater. Steif und ungelenk wankt er nach Hause.

Am nächsten Tag in der Schule vermeidet er es, Lukas nahezukommen. Das Erlebnis und der Traum verwirren ihn noch immer. Aber er beginnt, Lukas zu beobachten. Überrascht entdeckt Markus, wie geschickt sich Lukas mit dem Rollstuhl bewegt, wie flink er mit seinen Händen arbeiten kann, wie vif und klug er Aufgaben löst und welch freundlicher Mensch Lukas ist. Voller Staunen ist Markus jedoch, als er einmal Lukas in dessen Garten beobachtet und sieht, wie er in seinem Rollstuhl Basketball spielt und mit jedem Wurf sogleich in den Korb trifft. Er entdeckt auch gemeinsame Schwächen, beide können z. B. Rechnen nicht leiden, mögen keine Milch, aber lieben heiße Schokolade, und beide sind so richtige Morgenmuffel.

In der ersten Schulstunde erinnert die Lehrerin die Kinder daran, daß in zwei Tagen die Anmeldefrist für den

Malwettbewerb abläuft. Die Kinder reagieren so, als würde sie das nichts angehen.

Als Markus verstohlen zu Lukas blickt, bemerkt er, daß Lukas traurig und enttäuscht ist. Plötzlich fallen ihm wieder die strahlenden Augen des Siegers Lukas ein. Ohne lange zu überlegen, sagt Markus: »Ich melde mich für den Malwettbewerb an.«

»Duu?!« rufen Lehrerin und Schüler wie aus einem Munde. »Aber wieso? Du bist doch so dagegen gewesen. Bei einem Malwettbewerb kannst du unmöglich siegen.«

»Na und?« meint Markus trotzig. »Erstens kann ich meine Meinung ändern, und zweitens kann ich auch Spaß an etwas haben, bei dem ich nicht Sieger werde. Und drittens geht es euch nichts an, warum ich beim Malwettbewerb mitmachen werde.«

Die Lehrerin ist erfreut, daß doch jemand aus ihrer Klasse am Malwettbewerb teilnimmt. »Wer schließt sich Markus an und möchte sich auch noch anmelden?«

Zögernd wird eine Hand gehoben, dann zeigt eine andere auf, immer mehr Arme werden in die Höhe gestreckt.

Markus schielt zu Lukas hinüber. Auch Lukas hat seine Hand gehoben und streckt den Arm besonders hoch, damit er nur ja nicht übersehen wird.

Der Malwettbewerb ist zu Ende, und mit all den Bildern wird eine Ausstellung gemacht. Die Preisrichter gehen von Bild zu Bild, tuscheln miteinander, beraten sich, prüfen wieder die einzelnen Werke, und so geht das eine Weile hin und her. Den Kindern scheint es ewig zu dauern, bis die Preisrichter zu einer Entscheidung kommen. Es ist wirklich ein spannender Wettbewerb.

Endlich ist es so weit, die Gewinner der ersten drei Preise werden bekanntgegeben. »Sieger ist . . .«, beginnt

der Herr Direktor, hält inne und wartet, bis das aufgeregte Geschnatter der Kinder verstummt. »Sieger des diesjährigen Malwettbewerbs, der wieder einmal so fair zwischen den vier Nachbarschulen ausgetragen worden ist, wofür ich euch allen danken möchte ...«

Markus kann seine Ungeduld nicht mehr zurückhalten und platzt heraus: »Wer ist der Sieger?«

»Es gibt keinen Sieger«, erklärt der Direktor, »es ist eine Siegerin: Nicole, aus der Schule nebenan.« Nicole wird aufs Podium gerufen. Alle jubeln und klatschen. »Wir kommen nun zur Vergabe des zweiten Preises«, sagt der Direktor feierlich. »Der zweite Preis ergeht an einen Schüler unserer Schule, und zwar an Lukas.«

Lukas rollt zum Podium und bleibt mit dem Rollstuhl verlegen vor der Stufe stehen. Markus springt auf, rennt zu Lukas und hilft ihm, die Stufe zum Podium zu überwinden. Und da erblickt er dieselben strahlenden Augen wie in seinem Traum von dem Karpfen Lukas.

Der dritte Preis ergeht wieder an ein Mädchen aus der Nachbarschule. Auch die folgenden Plätze werden an die anderen Schulen vergeben. Erst ziemlich weit hinten in der Rangreihe der bewerteten Bilder scheinen Lukas' Schulkameraden auf.

Markus' Zeichnung ist eine jener, für die keine Punkte mehr vergeben worden sind. Er hat als unbedeutender, unbeachteter Teilnehmer mitgewirkt. Aber – eigenartig – es macht ihm nur ganz wenig zu schaffen, einmal nicht im Mittelpunkt der Bewunderung zu stehen.

»Lukas ist unser Sieger! Er ist der einzige, der heuer für unsere Schule einen Preis gewonnen und uns somit vor einer Blamage gerettet hat. Er muß gefeiert werden«, bejubeln die Klassenkameraden den Sieger Lukas.

Markus bleibt im Hintergrund, und er fühlt sich wieder so wohl wie nach seiner Rettung. Denn er spürt das Strahlen tief empfundener Freude in den Augen seines – ja, das weiß er ganz gewiß –, seines zukünftigen Freundes.

Zeichne oder male eine Szene aus dem Teich oder etwas über die neuen Freunde Lukas und Markus.

Die verzauberte Videokassette

Theresa und Stefan haben einen schwarzen Kater namens Serafino und einen strubbeligen Hund, besser gesagt eine Mischlingshündin, namens Leni.

Es ist gar nicht so leicht, daß sich Leni und Serafino immer richtig verstehen können, da sie beide eine völlig andere »Sprache« sprechen und andere Gewohnheiten haben. Das Schnurren Serafinos ist ähnlich dem Knurren Lenis, aber bei Serafino bedeutet es »Ich fühle mich wohl«, bei Leni jedoch »Ich warne dich« oder »Ich bin nicht einverstanden mit dem, was du tust«. Serafinos Schwanzbewegungen zeigen Unsicherheit und Nervosität an, Lenis Wedeln hingegen bedeutet Freude. Serafino wird in der Nacht erst so richtig munter, Leni schon in aller Früh.

»Die beiden sind dumm, daß sie sich so schlecht vertragen«, meint Stefan. »Die bräuchten einen eingebauten Übersetzer für Katzen- und Hundesprache. Dann würden sie sich nicht mehr falsch verstehen, könnten die besten Freunde werden und miteinander spielen, während wir in der Schule sind.«

»Da hast du recht«, lächelt die Mutter. »Aber auch Theresa und du, ihr könntet oft einen Übersetzer brauchen, damit ihr nicht wegen jeder Kleinigkeit streitet.«

Es stimmt, was die Mutter sagt. Theresa und Stefan sind völlig verschieden und verstehen sich oft gar nicht. Stefan ist derb und und wild, Theresa ist leicht zu ärgern und gleich beleidigt. Beider Tierliebe ist aber gleich groß – und gerade das verursacht oft Streit.

Wenn Theresa Serafino herumtragen möchte, wird sie zwar nicht vom Kater, aber von ihrem Bruder angefaucht: Sie solle seinen Kater in Ruhe lassen! Und er reißt ihr das Tier aus der Hand. Er belehrt sie, daß Katzen eben anders als Hunde sind, sie sind viel eigenwilliger und dürfen nicht eingeengt werden. »Wenn du Tiere wirklich so gern hast, dann muß du dich auf ihre Eigenheiten einstellen und sie so behandeln, wie es ihrer Natur entspricht«, sagt Stefan altklug.

Das einzige, worin sich Stefan und Theresa völlig einig sind, ist das Fernsehen. Eine ihrer Lieblingssendungen, die sie auf Video aufgenommen haben, ist die bekannte Serie »Alf«. Ihnen gefällt der außerirdische, haarige, freche Kerl, und sie beneiden die amerikanische Familie, bei der Alf gelandet ist. »Wäre das nicht toll, wenn wir auch so einen Alf bei uns hätten?« fragt Stefan seine Schwester. Es stört ihn dabei gar nicht, daß Alfs Leibgericht Katzen sind. Serafino wäre sicher nicht in Gefahr, da Alf bereits lange genug bei der amerikanischen Familie lebt und von ihnen einiges gelernt hat. Zumindest versucht er, sich bei solch wichtigen Unterschieden zwischen den Gebräuchen Außerirdischer und Menschen an die Sitten der Familie anzupassen.

Da Theresa ihren Bruder kennt und daher weiß, daß er solch einen Alf, ebenso wie Serafino, nur für sich beanspruchen würde, sagt sie: »Ich möchte auch einen Alf haben. Die beiden Alfs könnten mit uns in die Schule gehen. Dann hätte jeder von uns in der Klasse einen Alf. Das wäre etwas Besonderes. Das wäre interessant und lustig, wenn die Alfs uns von ihrem Leben auf ihrem Planeten erzählen. Wir könnten dann vielleicht sogar die Melmak-Sprache lernen und sie zu unserer Geheimspra-

che machen. Wir lernen von ihnen und sie von uns. So werden wir gescheiter als die Kinder in anderen Klassen.«

»Es gibt aber nur einen Alf«, belehrt sie Stefan schon wieder.

»Alf ist ein Melmak. Das heißt, es gibt auf seinem Planeten noch viele von seiner Sorte. Da könnte doch einmal ein riesengroßes Raumschiff vollgeladen mit Alfs, also Melmaks, landen, und alle wollen bei uns bleiben«, verteidigt Theresa ihre Idee, sich einen eigenen Alf zuzulegen.

»Blödsinn!« faucht sie ihr Bruder an. »Du weißt doch, wieviel Heimweh Alf bei der amerikanischen Familie hat, obwohl sie so nett zu ihm ist. Warum sollten also die Melmaks scharenweise ihren Heimatplaneten verlassen? Die wären doch dumm, freiwillig in die Fremde zu ziehen, wo man anders spricht, andere Sachen ißt, an andere Dinge glaubt und überhaupt ganz anders lebt. Würdest du unter ganz fremden Wesen leben wollen?«

Darüber hat Theresa noch gar nicht nachgedacht. Sie kann sich auch nicht gut vorstellen, wie das ist und was es bedeutet, in der Fremde zu leben. »Ich fände es spannend«, widerspricht sie. »Na ja, ich würde mich von meinen Freundinnen trennen müssen, das wäre schon traurig. Aber ich könnte neue Freundinnen gewinnen.«

»Wenn die dich wollen!« Stefan bleibt stur beim Belehren. »Du bist für sie fremd, du kennst dich bei ihren Spielen und Späßen nicht aus, weil du ihre Sprache nicht so gut verstehen kannst und – weil du eben anders bist. Du bist ein Eindringling, den sie sicher nicht mögen. Wir wollen Muhrat und Dragan auch nicht, weil sie nicht so sind wie wir.«

»Weil ihr blöde Jungen seid, deshalb. Wir Mädchen wollen solche Jungens wie euch auch nicht.«

»Weil wir stärker und gescheiter sind«, sagt Stefan überheblich.

»Weil ihr Angeber seid. Mädchen sind da ganz anders als ihr. Ihr stört uns nur. Bin ich froh, daß in meiner Klasse nur zwei Jungen sind! Mehr von euch würden wir nicht vertragen. Ihr findet es lustig, herumzubalgen, andere zu quälen und frech zu uns zu sein. Wir hingegen finden das saudumm«, triumphiert Theresa.

»Blöde Gans! Meinetwegen könntest du schon längst auf einem anderen Planeten wohnen.«

»Streitet nicht schon wieder wie Hund und Katz! Schaut, sogar Serafino und Leni liegen freundschaftlich nebeneinander auf dem Sofa. Wenn ihr nicht einmal friedlich miteinander fernsehen könnt, dann muß ich den Apparat abdrehen«, sagt die Mutter streng.

»Nein, bitte nicht! Wir sehen uns gerade Alf an. Wir vertragen uns schon wieder.«

Als die Videokassette zu Ende ist, haben Theresa und Stefan ihren Streit vergessen. Sie sprechen wieder darüber, wie interessant es wäre, wenn jeder von ihnen einen Alf in der Klasse hätte. Sie stellen sich vor, wie die anderen Kinder wild darauf wären, sich auch mit den Alfs anfreunden zu dürfen, um möglichst viel von den fremdartigen Wesen zu erfahren. Sie malen sich aus, über welche neuartigen, unbekannten Dinge die Melmaks berichten und welch spannende Geschichten sie erzählen und was sie alles von ihnen lernen könnten. Sie überlegen, was sie wiederum den Außerirdischen von der Erde erklären und ihnen beibringen würden.

»Als erstes müßte ich ihnen sofort ihre Lieblingsspeise Katzen abgewöhnen. Dann müßten sie mir erzählen, welche Abenteuer sie auf ihrem Planeten erlebt haben. Es

würde mich interessieren, ob so ein Alf auch sein Zimmer zusammenräumen muß«, überlegt Stefan.

Obwohl ihm ein einziger Alf oder gerade noch zwei weitaus lieber wären als eine ganze Invasion Außerirdischer, ist Stefan nun sogar bereit, Theresas Idee wieder aufzunehmen. »Überlegen wir, warum sie freiwillig ihren schönen Heimatplaneten verlassen könnten. Ohne einen wichtigen Grund dafür zu haben, würden sie das sicher nicht tun.«

»Ganz einfach. Genau aus dem gleichen Grund, warum Vesna, Fatima, Asadeh und Shobana in unser Land gekommen sind: weil es in ihrer Heimat nicht genügend zu essen gibt«, sagt Theresa.

»Nein. Der Grund gefällt mir nicht. Ich will nicht, daß so viele arme Leute kommen. Vati hat gesagt, daß wir die alle erhalten müssen, bis uns selbst zuwenig bleibt. Wenn jetzt auch noch so viele hungrige Außerirdische landen, dann haben wir bald keinen Platz mehr. In der Schule werden wir kaum mehr unsere Sprache richtig lernen, wenn in der Klasse lauter Melmaks sitzen. Außerdem: Wenn so viele Alfs beisammen sind, lassen sie sich vielleicht doch nicht von unseren Sitten beeinflussen und essen all unsere Katzen auf. Nein. Die Idee von den vielen Außerirdischen gefällt mir doch nicht. Ich finde es nur interessant, einen Alf zu haben«, erklärt Stefan.

»Du spinnst! Das sagst du doch nur, weil du dich mit Muhrat und Dragan nicht verstehst. Du bist zu ihnen oft richtig gemein«, schimpft Theresa ihren Bruder.

»Pah! Was weißt du schon?! Du solltest einmal Dragan erleben. Er ist boshaft und spottet über uns. Er will nie bei uns mitmachen, immer hat er andere Interessen. Er will nichts mit uns zu tun haben. Er ist schuld«, verteidigt sich Stefan.

»Na ganz so unschuldig wirst du auch nicht sein, wie ich dich kenne. Soviel ich weiß, ist Muhrat nicht so wie Dragan. Aber ihn magst du genausowenig, nur weil er andere Gewohnheiten hat als wir und unsere Sprache noch nicht so gut spricht. Du bist unfair. Hast du nichts von Serafino und Leni gelernt? Beide sind Tiere, aber du hast selbst gesagt, daß man sie nicht miteinander vergleichen kann. Sie sprechen verschiedene Sprachen und jeder von ihnen hat andere Eigenarten, dadurch kommt es zu Mißverständnissen zwischen den beiden. Aber keinem darf man dafür die Schuld geben. Obwohl sie nicht so gescheit wie Menschen sind, gelingt es ihnen doch – wie du siehst –, voneinander zu lernen und zu verstehen, daß es keinen Grund gibt, als Feinde nebeneinander zu leben. Welcher von ihnen ist uns mehr wert? Welchen sollen wir lieber haben? Kannst du diese Fragen beantworten?«

»Natürlich nicht, ich liebe beide. Aber das ist etwas ganz anderes. Niemand in der Klasse mag Muhrat«, entgegnet Stefan seiner Schwester, da er ihr nicht recht geben möchte.

»Du bist nicht nur unfair, du bist auch ein feiger Mitläufer. Du bist noch dümmer als Serafino und Leni. Ich glaube, du bräuchtest selbst so einen eingebauten Übersetzer, den du für unsere Tiere vorgeschlagen hast. Dann würdest du nämlich Muhrat besser verstehen – und nicht mehr sein Feind, sondern vielleicht sogar sein Freund sein. Muhrats Schwester Fatima geht mit mir in die Klasse. Sie hat mir erzählt, wie oft ihr Bruder verzweifelt ist, weil er keinen Freund hat. Sie wohnen in einer winzigen Wohnung, wo kein Platz zum Spielen ist. So streunt Muhrat am Nachmittag einsam herum. Er findet dich – komischerweise – sympathisch, aber er hat Angst, dich anzusprechen. In seiner Heimat war er sogar Anführer

der Kinder im Dorf. Er organisierte kleinere Arbeiten und Hilfsdienste, damit alle ein bißchen Geld verdienen konnten. Er war also nicht so faul wie du. Du gehst nicht einmal den Mistkübel ausleeren. Mir imponiert Muhrat«, sagt Theresa energisch. »Also, was ist mit unserem Phantasiespiel? Wenn du nicht willst, daß so viele Außerirdische auf die Erde kommen, dann machen wir es eben umgekehrt. Stellen wir uns vor, wie es wäre, wenn Alf von seinem Raumschiff abgeholt würde und uns zu den Außerirdischen mitnähme«, lenkt Theresa ein.

»Mit dir will ich mir gar nichts mehr vorstellen. Laß mich in Ruhe und verschwinde zu deiner Freundin Fatima, damit ihr weiter über uns tratschen könnt! Ich schau' mir die nächste Folge der Alf-Serie an, aber ohne dich!« schreit Stefan und legt eine neue Videokassette ein.

Der Bildschirm beginnt zu flimmern. Stefan meint, die Kassette sei defekt oder der Fernsehapparat kaputt. Aber da wird das Bild wieder scharf. »Endlich!« denkt Stefan, »jetzt kann ich mir in Ruhe den Film anschauen.«

Doch statt der gewohnten Szenen mit der amerikanischen Familie erscheint plötzlich Stefan neben Alf auf dem Bildschirm. Stefan erschrickt, bleibt aber gebannt vor dem Fernsehapparat sitzen.

Wie es Theresa vorgeschlagen hat, nimmt nun Alf, der Stefans Freund geworden ist, Stefan mit in sein Raumschiff. Statt seiner Schwester möchte Stefan jedoch lieber seine Tiere mitnehmen.

Stefan freut sich schon, die Heimat seines Freundes zu erforschen. Aber auf Alfs Planeten hat sich in der Zwischenzeit ein großes Unglück zugetragen. Die Sonne ist erkaltet, so daß auf Melmak kein Leben mehr möglich

ist. Alle Bewohner sind ins Weltall geflüchtet, auf der Suche nach einer neuen Heimat. Nun müssen sie einen Planeten finden, der sie aufnimmt.

Es ist eine lange, traurige Irrfahrt, denn es scheint keinen hilfsbereiten Planeten zu geben. Auf dem einen werden Katzen nicht zugelassen, auf dem anderen sind Hunde nicht erlaubt, auf dem nächsten leben die Feinde der Melmaks, auf einem anderen behauptet man, daß der Planet ohnehin schon von Flüchtlingen überfüllt ist, dann wieder dürfen Menschen den Planeten nicht betreten. Das Raumschiff hat schon kaum mehr Treibstoff, so daß Alf, Stefan und die Tiere auch nicht mehr zur Erde zurückfahren können.

Endlich, in letzter Not, finden sie einen Mini-Planeten, der wie eine Insel aussieht. Diesen Planeten hätte wahrscheinlich nicht einmal das Raumschiff Enterprise entdecken können, so versteckt liegt er im Weltall. Die Bewohner dieses Insel-Planeten haben Köpfe wie Hunde, Körper wie Katzen und Arme wie Menschen. Sie haben alle Vorzüge dieser klugen Tiere in sich vereint und auch die Fähigkeiten der Menschen.

Alf, der ein erfahrener Weltraumfahrer ist, wird von den Waumis, so heißen die Bewohner, gerne aufgenommen. Daß er einer Rasse angehört, die Katzen verspeist, verzeihen sie ihm. Schließlich hat sich Alf bereits diesbezüglich geändert und reist sogar mit Serafino durch das Weltall. Sie bewundern Alf und sind stolz, ihn als Gast zu haben.

Serafino und Leni erscheinen den Waumis nicht als fremde, unbekannte Wesen, da sie ihnen zumindest zum Teil gleichen. Daher lehnen sie die beiden Tiere nicht ab. Aber die Waumis sehen sie doch als ein wenig geringwertiger an. Das lassen sich die Waumis aber nicht anmer-

ken, sie sind zu Serafino und Leni durchaus freundlich. Zu Stefan hingegen verhalten sie sich kalt und abweisend. Die Menschen haben im Weltraum einen schlechten Ruf. Sie gelten als dumme Egoisten, man bezeichnet sie als gierige, aggressive und unehrliche Wesen, denen nicht zu trauen ist. Stefan hat daher von Anfang an keine Chance, den Waumis zu beweisen, daß er ein netter Junge sein kann. Nur Alf zuliebe wird Stefan von den Waumis geduldet.

Stefan, Serafino und Leni kommen in die Schule der Waumis. Da sich die Waumis mit Serafino in der Katzensprache und mit Leni in der Hundesprache leicht verständigen können, werden sie von vornherein für gescheiter als Stefan angesehen. Daher kommt Stefan in eine Klasse unter ihnen, zusammen mit viel jüngeren Waumi-Kindern.

Die Waumi-Kinder begaffen Stefan, das fremde Wesen. Dann spotten sie über seine häßliche, unbehaarte Haut, über seinen steifen Gang, der nicht – wie ihrer – katzenähnlich geschmeidig ist. Sie finden ihn dumm, weil er ihre Sprache nur stammeln kann.

Stefan hat Heimweh und ist furchtbar unglücklich. Er sieht die Waumi-Kinder als seine Feinde an. Er wünscht sich, daß sie bei ihm in seiner Klasse auf der Erde wären, damit er es ihnen heimzahlen kann. Stefan will sich dafür rächen, daß sie ihn ablehnen. Er wird boshaft – genauso wie Dragan, der ausländische Junge in seiner Klasse.

Stefan nimmt den Waumi-Kindern ihre Schulsachen weg, versteckt ihre Spielsachen und spottet sofort, wenn einer von ihnen einen Fehler macht. Da sich die Waumi-Kinder, obwohl sie jünger sind als er, ziemlich aufspielen, will Stefan nichts mit ihnen unternehmen. Er sondert

sich ab, und er will natürlich auch von seinen Feinden nichts lernen, keine ihrer Gewohnheiten und Sitten annehmen. So erfahren aber die Waumi-Kinder nicht, wie Stefan wirklich ist, wie er auf der Erde gelebt hat, was er alles kann und weiß. Daher sind sie weiterhin von der Dummheit und dem schlechten Charakter der Menschen überzeugt.

Serafino und Leni hingegen haben von den Waumis, die Katzen- und Hundeverständnis in sich vereinen, viel gelernt. Serafino versteht nun die Hundesprache und Leni die Katzensprache. Es gibt daher unter ihnen kein Mißverständnis mehr. Nach und nach werden sie auch von den Waumi-Kindern ernst genommen.

Bei einem gemeinsamen Schulausflug, als Serafino und Leni erleben, wie verändert Stefan ist, erzählen sie den Waumi-Kindern, wie lieb Stefan immer zu ihnen gewesen ist, wie er sie betreut und was er auf der Erde alles zustande gebracht hat. Überrascht hören die Waumi-Kinder zu. Besonders interessant finden sie, was Serafino und Leni über Stefans selbstgebaute Modell-Eisenbahn-Anlage berichten. Eisenbahnen kennt man nämlich nicht auf dem kleinen Insel-Planeten.

Seit dem Schulausflug sehen die Waumi-Kinder Stefan nun doch nicht mehr so scheel an. Trotzdem versucht nur Waumi-Minx, ein Junge, den Stefan schon immer sympathisch gefunden hat, mit Stefan ins Gespräch zu kommen. Sie erzählen einander von ihrer Heimat, von ihren Lieblingsspeisen und woran sie Spaß haben. So bemerken sie, daß der Unterschied zwischen ihnen gar nicht so groß ist, wie es nach außen hin schien.

Durch die beginnende Freundschaft mit Waumi-Minx fühlt sich Stefan trotz seines Heimwehs nicht mehr so ein-

sam und traurig. Er ist daher auch kein bißchen mehr boshaft.

Da betritt Alf die Klasse und holt Stefan ab. Das Raumschiff, das zum Service gebracht wurde, ist fertig überprüft und auch voll aufgetankt. »Ich werde dich auf die Erde zurückbringen. In deinem Land besteht zum Glück noch keine Not, so daß es keinen Grund für dich gibt, in der Fremde zu bleiben. Ich werde wieder hierher zurückkehren, denn hier achtet man mich mehr als bei euch auf der Erde«, sagt Alf.

Serafino und Leni erwarten Stefan schon im Raumschiff. Ihnen fällt der Abschied von den Waumis sehr schwer, Stefan hingegen ist glücklich, wieder nach Hause reisen zu können. Aber er ist auch froh, daß er zuletzt doch noch einiges von den Waumis erfahren und lernen konnte.

Ein Flimmern auf dem Bildschirm. Klack, die Kassette springt heraus. Stefan sitzt noch immer verwirrt vor dem Fernsehapparat. »Eine Zauberkassette!« schießt es ihm durch den Kopf. Er spult die Videokassette zurück und spielt sie nochmals ab. Aber es erscheint eine der alten Alf-Geschichten, nichts ist von ihm selbst und den Waumis zu sehen. Neben ihm liegen eng aneinandergeschmiegt, voll des guten Einvernehmens, Leni und Serafino.

Theresa kommt aus ihrem Zimmer. Stefan murmelt verlegen: »Frag deine Freundin Fatima, ob sie mit ihrem Bruder Muhrat einmal zu uns auf Besuch kommen möchte.« »Meinetwegen könnte sogar Dragan mitkommen«, fügt er noch schnell hinzu.

Zeichne oder male etwas über eine Person oder ein Wesen dieser Geschichte.

Luri, das Wisnopinto-Kind

Luri ist ein Wisnopinto. Du weißt nicht, wer Luri ist? Luri ist ein, ein bunter ... Na, wie soll ich sagen? Eben ein kleiner Wisnopinto. Du weißt auch nicht, was ein Wisnopinto ist? Es ist sehr schwierig, einen Wisnopinto zu beschreiben. Eigentlich kann man einen Wisnopinto gar nicht richtig beschreiben, denn ein Wisnopinto ändert ständig seine Körperform und auch seine Farbe. Mal ist er groß, mal ist er klein, mal ist er rot, mal ist er gelb, mal ist er grau, mal ist er grün. Ein Wisnopinto sieht immer so aus, wie er sich fühlt. Wenn er glücklich ist, dann ist er grün und wohlgeformt. Ist er traurig, dann färbt er sich grau und wird ein wenig kleiner. Ist er zornig, dann wird er rot und unförmig groß. Ist er ängstlich, dann bekommt seine Haut eine blasse gelbe Farbe, und der Körper zieht sich ganz klein zusammen.

Jetzt weißt du also, was ein Wisnopinto ist. Oder noch immer nicht? Also, ich werde versuchen, ihn genauer zu beschreiben: Ein Wisnopinto hat wunderschöne Augen. Treuherzig und gütig, fröhlich und schalkhaft, traurig und sehnsuchtsvoll blicken sie voller Glanz aus seinem großen, runden Kopf hervor. Ein Wisnopinto hat auch Schlappohren, die sich samtig anfühlen. Etwas Wichtiges ist noch zu erwähnen: Ein Wisnopinto hat einen Schwanz wie ein Känguruh, mit dessen Hilfe er weite Sprünge machen kann. Ein Wisnopinto ist aber nicht mit einem Känguruh verwandt. Mit einem Dinosaurier vielleicht? Kann sein. Wenn, dann aber nur weitweitweitschichtig.

Ein Wisnopinto ist kein besonders schönes Wesen, aber ein liebenswertes, gütiges Geschöpf mit viel Geduld.

Deswegen gibt es ja auch Schwierigkeiten mit Luri – aber davon erst später. Wenn du jetzt noch immer nicht weißt, wie ein Wisnopinto aussieht, dann kann ich dir nicht weiterhelfen, du muß ihn dir selbst vorstellen. Vergiß aber dabei nicht, daß er, je nachdem, wie er sich fühlt, Form und Farbe seines Aussehens verändert.

Luri ist also ein Wisnopinto-Kind, und trotzdem paßt er nicht so ganz zu den Wisnopintos. Er verändert nämlich nicht seine Form und Farbe, und er ist auch nicht geduldig. Luri ist immer grüngraugelbrot, immer mittelgroß und immer ungeduldig. Nur seine Augen sind treuherzig und gütig, fröhlich und schalkhaft, traurig und sehnsuchtsvoll, also so schön und voller Glanz wie die aller Wisnopintos.

Wenn Luri immer bunt, also grüngraugelbrot, ist, dann weißt du bereits, daß er demnach alle Gefühle auf einmal empfindet. Natürlich ist einmal das Traurigsein stärker, dann wieder das Glücklichsein, aber er kann nie nur ein einziges Gefühl allein in sich spüren. Oh doch, beinahe! Ein Gefühl ist fast ständig zu bemerken. Da Luri, wie schon gesagt, immer ungeduldig ist, wird er auch bei allem, was nicht so läuft, wie er es sich vorstellt, zornig. Aber er wird auch wegen jeder Kleinigkeit wütend, weil er leicht zu kränken ist. Luri glaubt, daß ihn die Wisnopintos nicht so gerne haben wie die anderen Wisnopinto-Kinder, daß er nicht so wichtig für die Wisnopintos ist, daß ihn niemand versteht. (Letzteres stimmt sogar, denn wer kann schon bei seinem bunten Aussehen erkennen, welches Gefühl gerade in Luri vorgeht?!)

Die Wisnopintos wissen nichts von Luris Sorgen und wundern sich nur über den immer ungeduldigen, immer

bunten Luri, der so gänzlich aus der Art schlägt. Nun ja, so geduldig und so klar in ihrem Empfinden wie die übrigen Wisnopintos sind Luris Eltern eigentlich auch nicht. Luris Mutter Saida ist oft ungeduldig, und Luris Vater Fram ist auch oft grüngraugelbrot.

Wenn Luri zornig oder wütend wird, dann faucht er, dann kratzt er, dann rollt er mit den Augen, dann trommelt er mit seinem Schwanz auf den Boden, daß die Erde zittert. Manchmal krümmt er sich zusammen, schmollt und ist auf die ganze Welt böse. Die anderen Wisnopinto-Kinder bewundern einerseits seine vermeintliche Stärke, andererseits aber will sich keines so richtig mit ihm anfreunden, denn sie fürchten seine Wutausbrüche. Das ist verständlich. Denn wer will sich schon von Luris scharfen Krallen kratzen oder sich einen Schwanzhieb versetzen lassen?!

Luri ist kein böses Wisnopinto-Kind. Es gibt überhaupt keine bösen Wisnopintos. Luri ist eben nur unsicher, leicht kränkbar und ständig bemüht, daß die anderen nur ja nichts von seinen – wie er meint – »Schwächen« merken. Er ist voller Gefühle, und dieses innere Tohuwabohu bringt ihn auch nach außen hin durcheinander.

Die anderen Wisnopinto-Kinder haben es viel leichter. Natürlich werden auch sie manchmal zornig oder wütend, aber nur, wenn sie einen für alle erkennbaren Grund haben. Außerdem verändert sich bei ihnen, wie bei den Wisnopintos üblich, die Körpergröße, und ihre Farbe wechselt sofort von grün auf rot. Jeder weiß daher genau, wie sie sich fühlen, und sie stoßen bei den geduldigen Wisnopintos auf Verständnis. Bei dem immer bunten, grüngraugelbroten Luri hingegen kennt sich keiner aus, nicht einmal Luri selbst. So kann ihm auch keiner helfen. Oder doch?

»Man müßte die grüne Farbe, also das Glücklichsein, stärken und Luri lehren, seine Gefühle rechtzeitig zu erkennen. So könnte er uns endlich die richtigen Farben zeigen, damit wir ihn verstehen«, sagt der älteste Wisnopinto Karka.

»Mhm, mhm.« Die Wisnopintos nicken langsam mit ihren großen, runden Köpfen, und die Schlappohren wackeln dazu im Takt. »Mhm, mhm. Da ist was dran.«

»Aber wie?« fragt Luris Mutter Saida nervös.

»Ob dem zornigen Wicht überhaupt noch zu helfen ist? Wir müssen nur strenger mit ihm sein«, grummelt Luris Vater Fram und wird für einen Augenblick auch grüngraugelbrot.

»Wenn ich euch beide so betrachte, dann ist Luri gar nicht so aus der Art geschlagen, wie es scheint«, sagt Karka mit ruhiger Stimme zu Luris Eltern. »Daher könnt auch nur ihr ihm helfen. Kommt, wir ziehen uns zur Beratung zurück.«

Wie du weißt, sind die Wisnopintos sehr geduldig, sie treffen keine voreiligen Entschlüsse. Daher dauert die Beratung lang, lang, lang, sehr lang.

In der Zwischenzeit wird Luri, dem geheißen war, auf die Eltern zu warten, ungeduldig. Er wirbelt mit seinem Schwanz Staub auf, scharrt in der Erde, schnaubt durch die großen, feuchten Nasenlöcher, schüttelt seine Schlappohren hin und her – und plötzlich macht er einen Sprung, noch einen, noch einen und dann den weitesten Känguruhsprung, den je ein Wisnopinto zustande gebracht hat. Weg ist Luri.

Luris Sprung hat ihn weit über die magische Grenze gebracht, und er befindet sich in der verbotenen Welt. Die magische Grenze ist ein unsichtbares Energiefeld mit

starker Elektrizität. Die Wisnopintos lernen von klein auf, daß es äußerst gefährlich ist, sich der magischen Grenze zu sehr zu nähern, geschweige denn, sie zu überschreiten. Jeder Wisnopinto fürchtet diese Grenze und achtet das Gesetz. Über die verbotene Welt, die keiner der Wisnopintos auch nur von ferne je gesehen hat, erzählen sich die Wisnopintos viele Schauergeschichten. Angeblich lebten dort vor langer Zeit einmal ihre Urahnen, bis sie von schrecklichen Riesen, die noch größer sind als der größte rote Wisnopinto, mit Feuerstöcken vertrieben wurden.

Luri ist also durch den Känguruhsprung über die magische Grenze gekommen, ohne durch das Energiefeld aufgehalten worden zu sein. Aber die Elektrizität ist so stark, daß Luri sich die Hinterbeine und den Schwanz verbrannt hat. An ein Zurück ist daher nicht zu denken. Luri hat Schmerzen. Er leckt seine Wunden, aber der Schmerz wird nur noch größer. Luri denkt an die Geschichten, die sich die Wisnopintos über die verbotene Welt erzählen und zittert vor Angst. Und siehe da, Luri beginnt zu schrumpfen. Er ist zwar noch immer grüngraugelbrot, aber zumindest verändert sich zum ersten Mal auch Luris Körpergröße, wie bei jedem normalen Wisnopinto. Luri ist so ängstlich, daß er sich gar nicht darüber freuen kann.

Plötzlich spürt Luri, wie die Erde zu beben anfängt, viel stärker, als wenn er zornig mit dem Schwanz trommelt.

Luri will davonlaufen, aber wegen seiner Wunden kann er sich kaum bewegen. Da es ihm gelungen ist, sich klein zu machen, versteckt er sich hinter einem morschen Ast. Ängstlich äugt er hervor und sieht zu seinem Schrecken diese Riesen, von denen die älteren Wisnopin-

tos erzählt haben. »Die Geschichten sind also wahr«, durchfährt es ihn. »In der verbotenen Welt gibt es wirklich Riesen. Nur, so riesig sind die Riesen auch wieder nicht. Sie sind sicher nicht größer als der größte rote Wisnopinto.« Diese Feststellung beruhigt Luri ein wenig.

Da Luri ein ungeduldiger Wisnopinto ist, zappelt er in seinem Versteck hin und her.

»Schaut, eine Maus«, ruft eine Stimme.

»Aber nein, das ist doch eine Eidechse«, sagt eine andere. »Das ist ein Frosch oder eine Kröte.« »Gehen wir näher. Dieses Wesen müssen wir genauer sehen.« »Der hat Schlappohren und einen dicken langen Schwanz. Was ist das für ein Tier? Ist das überhaupt ein Tier? Vorsicht, vielleicht beißt es!«

Luri ist ganz verwirrt durch die vielen lauten Stimmen. Als die Riesen ein Stöckchen nehmen, um damit auf ihm herumzustochern, wird er wütend. So wütend, daß er seine Angst vergißt. Und siehe da, Luri dehnt sich aus, wird größer und größer, bis er sogar um einige Zentimeter größer ist als diese Riesen. Riesen? Jetzt erst merkt Luri, daß das keine schrecklichen Riesen sein können. Erstens sind sie gar nicht so groß, und zweitens stehen sie zitternd vor Luri, dem vermeintlichen Ungeheuer.

Erleichtert fängt Luri zu lachen an. Er denkt dabei gar nicht an seine Schmerzen. Luri will sich die Lachträne abwischen, da sieht er, daß seine Handpranke ganz grün ist. Staunend betrachtet er auch die andere Handpranke, die genauso wunderschön grün geworden ist.

Die fremden Geschöpfe beginnen zu kreischen und laufen davon. Als Luri nämlich seine Pranken gehoben hat, sind die Riesen furchtbar erschrocken. Sie glaubten, daß er sie angreifen wollte.

»Lauft nicht weg! Ich tu euch ja nichts!« ruft Luri. Aber sie sind schon geflüchtet. Luri ist traurig, er spürt wieder den Wundschmerz – und er schrumpft zusammen. Luri beginnt zu weinen.

Da schleicht sich so ein Geschöpf an Luri heran. Ehe Luri irgend etwas tun kann, nimmt ihn dieses Geschöpf behutsam in die Hand.

»Du hast so schöne, gütige Augen. Du kannst daher gar nicht gefährlich sein. Die anderen Kinder sind dumm und feig, sie fürchten sich vor dir. Du bist verletzt. Ich werde dir helfen. Ich heiße Marga. Und wie heißt du?«

»Ich heiße Luri. Bist du kein Riese?«

»Ich?! Ich bin doch nur ein Mensch. Ich bin ein Mädchen. Aber was oder wer bist du?«

Luri ist überrascht. Einerseits, weil er noch nie etwas von Geschöpfen gehört hat, die sich Menschen nennen, und andererseits, weil es jemanden gibt, der keine Wisnopintos kennt. »Ich bin ein Wisnopinto. Siehst du das nicht?!«

»Nein, tut mir leid. Wenn dein großer, runder Kopf nicht wäre, würde ich dich fast für ein dinosaurierähnliches Wesen halten. Egal was du bist, wichtig ist, daß du lieb bist, und das bist du, ob du jetzt ein Wispotinto bist oder nicht.«

»Wisno-bist-o. Ah, du hast mich ganz durcheinandergebracht mit dem bist, bist. Wisnopinto, so heißen wir!« Der ungeduldige Luri ärgert sich – und schon wird er größer.

»He! Laß die Zauberei. Sonst fürchte ich mich doch noch vor dir«, sagt Marga.

»Nein, nein. Da gibt es nichts zu fürchten, eher was zu freuen.« Luri erklärt Marga sein Problem.

Marga sagt zu ihm verständnisvoll: »Du gefällst mir zwar besser als grüngraugelbroter, kleiner Wiskapinto, aber . . .«

»Wisnopinto!« unterbricht sie Luri.

Marga fährt fort. »Du gefällst mir zwar so besser, aber wenn du dich wie ein Chamäleon färben und wenn du die Körpergröße immer wieder verändern mußt, dann will ich dir dabei helfen. Aber zuerst sollen wir deine Wunden behandeln.« Scherzhaft sagt sie noch: »Bin ich froh, daß du einen Vornamen hast und nicht nur auf Wisnapinto hörst!«

»Wisnooopinto!« seufzt Luri und läßt sich von Marga pflegen.

»Das tut sicher sehr weh«, sagt Marga und legt heilende Pflanzen auf die Brandwunden.

Luri fühlt sich trotz seiner Schmerzen wohl, weil er von Marga verstanden wird und sich nicht tapfer geben muß.

»Du wirst einige Zeit nicht gehen und schon gar nicht springen können. Was machen wir bloß mit dir? In deine Heimat kannst du noch nicht zurückkehren, und bei uns ist es für einen . . ., für einen wie dich viel zu gefährlich«, sorgt sich Marga.

»Gefährlich? Wieso? Ihr seid doch ohnehin keine Riesen. Wenn Menschen so sind wie du, dann sind sie sicher sehr lieb«, meint Luri.

Marga schüttelt den Kopf. »Du bist für uns etwas seltsam Seltenes. Wir kennen hier keine Wis . . ., keine Wisno-pin-tos. Man würde dich vielleicht in einen Käfig sperren, damit dich die Leute begaffen können. Oder dich in einem Zirkus vorzeigen oder sogar für ein Museum ausstopfen.« Marga bekommt es mit der Angst zu tun, als sie sich vorstellt, was alles mit ihrem neuen

Freund passieren könnte. Ihre Angst steckt Luri an, und er schrumpft ganz klein zusammen.

»Das wäre gar nicht schlecht, wenn du so klein bliebest. Dann könnte ich dich bei mir verstecken, bis du gesund bist. Du dürftest nicht so groß werden, damit man dich nicht so leicht entdeckt. Außerdem müßtest du die rote Farbe kontrollieren können, denn sonst fürchtet sich jeder vor dir und wird dich schon allein deshalb jagen«, rät ihm Marga.

»Das geht nur, wenn ich überhaupt nicht mehr wütend und zornig werde. Ich glaube nicht, daß ich das schaffe«, sagt Luri kläglich.

»Jeder wird einmal wütend. Du brauchst es dir nicht abzugewöhnen. Wichtig ist nur, daß du erkennst, was und warum dich etwas wütend oder zornig macht, und daß es dir gelingt, der Steuermann, der Chef deiner Gefühle zu sein.«

»Das versteh' ich nicht«, sagt Luri.

»Bis jetzt sind noch die Gefühle deine Chefs, von denen du dich bestimmen läßt, von denen oft einige zusammen über dich befehlen. Wenn du wütend bist, dann bist du nicht nur wütend, weil du z. B. mit etwas nicht einverstanden bist. Du bist zur selben Zeit auch traurig, du fühlst dich entweder im Stich gelassen, abgelehnt, gekränkt, beleidigt, allein, ungerecht behandelt, oder du bist unsicher, enttäuscht, ängstlich. Kein Wunder, daß du bunt bist und sich die Wisnopintos bei dir nicht auskennen, wenn du so ein Gefühlskuddelmuddel in dir hast. Deine Gefühle stecken in dir wie ein verworrenes Wollknäuel verschiedener bunter Wollfäden. Ich zeig' dir, wie du das Wollknäuel entwirren und jeden Faden einzeln ausspucken kannst«, erklärt Marga.

»Das wird aber ein schönes Gespucke!« lacht Luri.

»Macht nichts. Hauptsache, dir ist geholfen. Ich hab' dich nämlich sehr gern, weil du so verständig bist, gut zuhören und lustig sein kannst. Du bist ein feiner Freund, davon bin ich überzeugt«, sagt Marga zärtlich.

»So nett hat noch niemand mit mir gesprochen!« Luri wird zuerst verlegen, aber dann – ganz grün im Gesicht. Die grüne Farbe breitet sich aus, bis Luris Körper im schönsten Grün erscheint.

»Endlich! Ich bin grün! Ich bin nicht mehr eine bunte Mischung. Ich bin ein richtiger Wisnopinto, ein glücklicher Wisnopinto!« freut sich Luri. Und Marga freut sich mit.

»Jetzt ist es aber Zeit, daß ich dir ein gutes Versteck suche. Wo bringe ich dich bloß unter?« grübelt Marga.

»Laß mich nicht allein! Ich habe Angst«, jammert Luri – und wird gelb und ganz klein.

»Natürlich lasse ich dich nicht allein. Das ist ein scheußliches Gefühl, in der Fremde und noch dazu verletzt zu sein. Ich bewundere dich, du bist ohnehin sehr tapfer.« Marga versteht Luris Angst.

Luri seufzt erleichtert – und schon ist er wieder grün und größer geworden.

»He! Ich brauch' dir ja gar nicht mehr beizubringen, wie du deine Gefühle auseinanderhalten sollst. Du erkennst und zeigst sie bereits. Bravo! Du lernst aber schnell!« lobt ihn Marga. »So, jetzt laß mich deine Wunden frisch verbinden.«

»Auuu! Paß doch auf!« Luri verzieht das Gesicht, faucht und will schon zornig werden. Da erkennt er aber, daß Marga ihm ja gar nicht absichtlich weh tun, sondern ihm nur helfen wollte. Sein Ärger ist wegen des Schmerzes aufgekommen und richtet sich also nicht gegen Marga. Fast wäre er zu ihr ungerecht geworden. Sofort tut es ihm leid,

daß er so gepfaucht hat. Er ist froh, daß er nicht ganz zornig geworden ist und um ein Haar Marga mit seinen Krallen gekratzt hätte. »Das habe ich gerade noch geschafft. Ich hätte durch meinen Zorn eine gute Freundin verlieren können«, denkt Luri und entschuldigt sich bei Marga.

»Du bist wirklich stark und tapfer, weil du einen Fehler erkennst und dich auch traust, ihn zuzugeben. Daß es dir gelungen ist, nicht ungerechterweise zornig zu werden, ist eine großartige Leistung. Die Wisnopintos werden – genau wie ich – stolz auf dich sein«, bewundert ihn Marga. »Ich weiß jetzt, welches Versteck wir nehmen. Du bleibst bei uns auf dem Dachboden. Mein Zimmer ist gleich daneben, da können wir sogar durch die Tür miteinander flüstern.«

Luri ist einverstanden und bezieht die Dachkammer. Während Marga in der Schule ist, verhält er sich ganz ruhig. Da er Angst hat, entdeckt zu werden, wird er blaßgelb und klein – und das ist in dieser wirklich gefährlichen Situation ein Vorteil. Es schützt ihn vor seiner Ungeduld und vor der Gefahr, entdeckt zu werden. Wenn Marga bei ihm ist, lobt sie ihn und zeigt, wie sehr sie ihn mag. Marga sieht daher Luri fast nur noch in grüner Farbe, so glücklich ist er bei ihr.

Die Wunden heilen rasch, für Luri fast zu rasch, denn er wäre gerne noch länger bei Marga geblieben. Aber ein Wisnopinto kann nicht bei den Menschen leben. So heißt es Abschied nehmen. Marga begleitet Luri natürlich bis nahe an die magische Grenze. Sie umarmen einander und weinen. Luri wird wieder ganz gelb und klein.

»So kommst du niemals über die magische Grenze. Du mußt groß sein, um sie überspringen zu können«, sorgt sich Marga.

»Ich kann nicht. Der Abschied macht mich so traurig. Ich schaffe es daher gar nicht, so hoch zu springen. Was soll ich nur tun?« klagt Luri.

Da hören sie von der anderen Seite der Grenze her lautes Rufen. Mutter Saida und Vater Fram warten schon sehnsuchtsvoll auf Luri. Aber nicht nur sie, auch viele andere Wisnopintos haben Luri zuliebe das Gesetz gebrochen und sich der magischen Grenze genähert.

»So wichtig bin ich für sie? Das hätte ich nie gedacht«, denkt Luri überrascht, freut sich – und wird grün und groß. Er spürt seine Kräfte wachsen, setzt zum Sprung an – und . . . Marga hält den Atem an. Die sonst so geduldigen Wisnopintos scharren auf der anderen Seite nervös im Sand. Luri springt, springt in hohem Bogen über die magische Grenze.

Alle jubeln, Marga auf der einen, die Wisnopintos auf der anderen Seite. Sie freuen sich gemeinsam, und es ist in diesem Augenblick so, als gäbe es zwischen ihnen gar keine magische Grenze.

Luri ist glücklich und grün. Damit das fast immer so bleiben kann, gibt Karka, der älteste Wisnopinto, Saida und Fram einen Rat: Jeden Abend sollen sie in einen Baum ein Zeichen ritzen, das ihm sagt, warum sie so stolz auf ihn sind, warum sie ihn lieb haben und was sie an ihm gut finden. Natürlich sagen sie ihm das auch deutlich. Aber es ist wichtig, daß das Lob auch aufgeschrieben wird. Denn wenn Luri einmal allein und traurig oder gar zornig sein sollte, dann schaut er sich die Lobessprüche an den Bäumen an und wird grüngrüngrün . . .

Zeichne oder male, wie du dir Luri vorstellst, wenn er zornig, ängstlich, traurig oder glücklich ist.

Globulo, der Globulianer vom Stern Globulus

Die Regale und Schubladen in Bastians Kinderzimmer sind bis oben hin voll mit Spielsachen. Natürlich hat Bastian gar nicht soviel Zeit, um sich mit allen Spielsachen zu beschäftigen. Seine alten Sachen sind für ihn ohnehin nur mehr Trödelkram. Es interessiert ihn nur, was gerade in der Fernsehwerbung den Kindern empfohlen wird und womit die Jungen in seiner Klasse angeben.
Was glaubst du, was Bastian so alles in seinem Zimmer gestapelt hat? . . . Genau. Und noch vieles mehr.

Eines Tages als Bastian von der Schule nach Hause kommt, hört er die Eltern sehr ernst miteinander reden. Papa ist gekündigt worden, er hat seine Arbeit verloren. »Mach dir keine Sorgen. Wenn wir alle zusammenhalten und bescheiden leben, dann werden wir es schon schaffen«, versucht die Mutter, den Vater zu trösten. Trotzdem bemerkt Bastian, daß auch die Mutter sehr beunruhigt ist.

»Heißt das, daß wir jetzt arm sind?« will Bastian wissen. Er kennt arme Familien nur aus dem Märchenbuch, wie etwa das Mädchen mit den Schwefelhölzchen oder Hänsel und Gretel. »Haben wir nichts mehr zu essen?« fragt er einerseits besorgt, andererseits findet er die neue Situation ziemlich spannend.

»Unsinn!« antwortet der Vater. »Wir müssen ab nun nur sparen. Wir können uns nicht mehr jeden Luxus leisten. Das ist alles.«

Bastian ist fast ein wenig enttäuscht, daß sie nicht so arm sein werden wie im Märchen. Er hat sich das schon

ganz aufregend vorgestellt. Er denkt aber nicht weiter darüber nach und geht in sein Zimmer, um sich mit seinen Computerspielen zu beschäftigen. Bastian ist schon sehr tüchtig und erzielt immer mehr Treffer.

Da fällt ihm ein, daß es schon wieder ein ganz neues Modell eines solchen Computerspiels zu kaufen gibt. Er kennt es aus der Werbung im Fernsehen. Alle Kinder in der Klasse reden davon. Peter hat es bereits von seinen Eltern bekommen. »Das muß ich auch unbedingt haben, es ist viel interessanter und besser aufgebaut als meine«, denkt Bastian und verliert die Lust, mit seinem Computer weiterzuspielen. Gelangweilt geht er wieder ins Wohnzimmer und sieht, wie besorgt seine Eltern noch immer über Geld sprechen. Bastian ist verunsichert. »Haben mir die Eltern nicht die ganze Wahrheit gesagt? Wieso sind sie noch immer so bedrückt? Es muß doch schlimmer sein, sparen zu müssen, als Papa das erklärt hat.« Er will die Sache überprüfen und sagt zu Papa: »Ich brauch' dringend ein neues Computerspiel. Mit meinen alten kann ich nichts mehr anfangen.«

Entsetzt schauen ihn die Eltern an. »Hast du denn überhaupt keinen Verstand?!« ruft der Vater. »Was bist du nur für ein egoistischer Junge!« sagt die Mutter und schüttelt traurig den Kopf. »Vor einer knappen halben Stunde habe ich dir erklärt, daß wir sparen müssen und uns weniger leisten können. Hast du das denn nicht verstanden?!« zischt der Vater gereizt.

»Als hätten wir nicht schon genug Sorgen! Jetzt machst du alles noch schwieriger«, sagt Mutter traurig.

Bastian ist ganz blaß geworden. Bis jetzt wurden seine Wünsche immer erfüllt. Wenn es sich um größere Anschaffungen oder Geschenke handelte, dann mußte er

eben bis Weihnachten, Ostern oder bis zu seinem Geburtstag warten. Aber noch nie hat er auf etwas vollkommen verzichten müssen. Kein Wunder, daß Bastian nun sehr erschrocken ist. »Also muß es doch schlimm um uns stehen, wenn die Eltern so reagieren, nur weil ich ein neues Computerspiel brauche«, denkt er bekümmert. Er wagt nicht, die Eltern weiter zu fragen, um sie nicht noch mehr zu verärgern, und zieht sich verwirrt zurück.

Tausend Gedanken gehen durch seinen Kopf. »Was bedeuten nun die Geldsorgen für uns? Sind wir arm oder nicht? Was heißt es, auf vieles verzichten zu müssen? Wird mich Peter auslachen, wenn ich noch immer mit dem alten Modell spiele? Bin ich jetzt anders als die anderen? Kann ich in der Klasse noch mitreden, werden sie mich ernst nehmen?«

Ganz wirr im Kopf zieht er eine Schachtel hervor, in der altes, längst nicht mehr benütztes Spielzeug herumliegt. Bastian kramt eher lustlos darin. Er stößt auf Ghostbusters, auf Turtles und Masters-Figuren. Er findet Transformer-Autos und einige Disketten alter Computerspiele. Bastian ist erstaunt über diese Menge an Spielsachen. Früher waren sie für ihn so wichtig, und jetzt interessieren sie ihn überhaupt nicht mehr. Er kann sich nicht mehr erinnern, welche Spiele es auf diesen Disketten gibt. Er steckt eine davon in seinen kleinen Taschencomputer und schaltet ihn ein. Pip-pip, ein kugelrundes Männchen springt über einen Graben, der sich auf irgendeinem Planeten befindet. Pip-pip, ein Weltraumungeheuer will nach ihm schnappen. Pip-pip, schon hüpft das Männchen in einem hohen Bogen über das Monster hinweg. Pip-pip, die nächste Gefahr droht. Aus einem

UFO wird auf ihn geschossen. Schnell die Taste gedrückt und Pip-pip und Pip-pip-pip-pip.

»Was ist los?« denkt Bastian. »Das Männchen ist nicht mehr auf dem Bildschirm zu sehen. So fest ich auch drücke, es bleibt verschwunden. Blödes Spiel!« Er legt das Spiel zur Seite und geht traurig ins Bett.

Bastian denkt wieder an die Geldsorgen seiner Eltern. Worte wie »einschränken«, »sparen«, »verzichten« schießen durch seinen Kopf und machen ihm Angst. »Ach, wie furchtbar ist es, nicht mehr alle Wünsche erfüllt zu bekommen«, seufzt er. Bastian überlegt, was das ab nun für ihn bedeuten wird, worauf er verzichten muß oder, besser gesagt, kann. »Figuren brauche ich derzeit keine mehr, auf die kann ich noch einige Monate warten. Aber das neue Computerspiel, das brauche ich wirklich sofort. Die alten Disketten sind entweder langweilig, oder sie funktionieren nicht, wie dieses mit dem kugelrunden Männchen.«

»Was heißt da, ich funktioniere nicht?« lispelt eine Stimme aus der Spielzeugschachtel. »Ich bin das kugelrunde Pip-pip-super-super-Männchen mit den pip-pip-super-super-langen Ohren, und ich funktioniere noch immer pip-pip-super-super-gut!«

»Waas?! Wer bist du? Wieso bist du lebendig? Wie hast du aus meinem Computer herausspringen können?«

»Du hast mich früher so oft durch das Pip-pip-super-super-Spiel gejagt und mich immer wieder Pip-pip-super-super-Gefahren ausgesetzt. Jetzt habe ich eine viel zu lange Pip-pip-Pause gehabt, so daß ich pip-pip-müde geworden bin und mich durch dein Drücken nicht mehr pip-pip-dumm herumhetzen lassen möchte. Deshalb bin ich ganz einfach pip-pip aus dem Pip-pip-super-super-

Spiel herausgesprungen. Aber ich funktioniere noch pip-pip-super-super-gut. Ich werde es dir pip-pip-beweisen.« Hops, und pip-pip springt das kugelrunde Männchen aus der Schachtel auf Bastians Bett.

»Bist du verwandt mit den Ghostbusters?« fragt Bastian, denn so könnte er sich diese Zauberei erklären.

»Pah! Pip-pip, ich komme von dem Stern Globulus und bin ein Globulianer und heiße Pip-pip-Globulo.«

»Wieso sagst du immer Pip-pip? Das klingt sehr eigenartig und geht mir auf die Nerven. Ist das vielleicht die Sprache der Globulianer?«

»Pip-pip-Unsinn! Ich hab mir das nur durch dein dummes Pip-pip-super-super-Computerspiel angewöhnt. Ich werde es mir pip-pip sicher bald abgewöhnen, wenn du mit mir pip-pip neue Sachen spielst.«

»Ich habe keine neuen Sachen und werde auch in nächster Zeit keine neuen mehr bekommen. Meine Eltern haben jetzt nämlich weniger Geld, und da können wir uns nichts mehr leisten«, meint Bastian traurig.

»Na und! Pip-pip, was du brauchst, das hast du. Und pip-pip-mehr. Ich seh schon, pip-pip, du mußt mit mir auf den Pip-pip-, nein, auf den Stern Globulus. Komm, steh auf und setz dich auf mich drauf.«

Bevor Bastian protestieren kann, daß er auf so einem kleinen kugelrunden Männchen mit langen Ohren doch keinen Platz hat, bläht sich Globulo immer mehr und mehr auf, so daß Bastian wie auf seinem alten Springball, der irgendwo im Schuppen liegt, bequem aufsitzen kann. Hopp, hopp hüpfen sie durch das Zimmer, ein großer Sprung. Bastian hält sich an den langen Ohren des kugelrunden Männchens Globulo fest, denn schon geht es durchs Fenster hoch in die Luft, hinauf zu den Sternen.

»Schlafe, pip-pip, der Weg ist sehr weit. Es dauert lange, fast eine Ewigkeit. Schlafe, pip-pip, damit du vergißt, wie weit weg dein Zuhause ist. Schlafe, pip-pip, sonst wird dir vielleicht noch schlecht, denn wir sausen dahin. So ist es recht«, raunt Globulo Bastian leise zu. Und schon ist dieser eingeschlafen.

Als der Flug immer langsamer wird, wacht Bastian auf. Er ist enttäuscht, daß er während der Reise geschlafen hat. Er hätte gerne all die Sterne von der Nähe gesehen. Doch Globulo erklärt ihm, daß ein Mensch ohne Raumschiff und Raumanzug die rasend schnelle Fahrt durch das Weltall nur im tiefen, tiefen Schlaf überleben kann.

»Vorsicht! Halt dich fest, wir landen«, sagt Globulo, legt seine langen Ohren zurück, und sein aufgeblasener kugelrunder Körper schrumpft zusammen, bis Globulo wieder das kleine kugelrunde Männchen ist, das aus Bastians Computerspiel sprang.

»Willkommen auf dem Stern Globulus!« sagt Globulo stolz. Und das mit Recht, denn so etwas Herrliches hat Bastian noch nie gesehen. Alles ist bunt und in Bewegung und voller interessanter Geräusche. Da bimmelt es, da klingelt es, da rattert es, und da knattert es, da schellt's, da pfeift's, da pfaucht's, da brummt's, da surrt's.

Dort hüpft etwas, da springt etwas, dort kugelt, rollt und fliegt etwas, da dreht sich, wippt und kreiselt was, dort fährt, dort rennt und kriecht etwas.

Bastian wird ganz schwindlig beim Zusehen und Hinhören. Globulo zeigt auf das bunte Durcheinander und sagt: »Das sind wir, die Globulianer.«

Jetzt erst fällt Bastian auf, daß die Globulianer lebendiges Spielzeug sind!

»Spielzeug wird doch in Fabriken oder Werkstätten aus Plastik, Metall, Stoff oder Holz erzeugt. Dieses Material kann niemals lebendig sein. Wie gibt es das, daß die Globulianer Spielzeug sind?« wundert sich Bastian.

Globulo lächelt. »Höchste Zeit, daß du etwas dazulernst. Die Seele macht uns lebendig. Und die Seele bekommen wir von Kindern, die uns wirklich liebhaben und sich mit uns beschäftigen.«

»Aber hier gibt es ja gar keine Kinder, und ihr habt doch nichts mit dem Spielzeug auf der Erde zu tun.«

»Oh doch!« sagt Globulo. »Wir sind die lebendigen Doppelgänger eurer Spielsachen. Der Stern Globulus ist wie das Spiegelbild aller Kinderzimmer auf der Erde. Wir sind zwar unendlich weit voneinander entfernt, und doch stehen wir in enger Verbindung. Die Globulianer sind also von euch Kindern abhängig. Ihr spendet uns die Kraft, die wir zum Fröhlichsein brauchen. Komm jetzt mit, ich zeige dir alle Globulianer.«

Bastian kommt aus dem Staunen nicht heraus. Der Stern Globulus ist dicht besiedelt, die Globulianer leben ganz eng zusammen, Globulus scheint schon übervoll. Bastian hätte sich nicht einmal im Traum vorstellen können, daß es so viele Spielsachen gibt, tausendmal mehr, als es Kinder auf der Erde gibt. »Man kann doch unmöglich mit so vielen Spielsachen spielen!« entfährt es Bastian.

»Genau. Das ist ja unser Problem. Wir sind einfach zu viele Globulianer, und immer kommen neue dazu. Jedesmal, wenn ihr ein neues Spielzeug kauft, entsteht hier sein Doppelgänger. Das wäre ja nicht schlimm, wir freuen uns über jeden neuen Globulianer. Aber wie du weißt, leben wir nur froh durch eure Seele, die ihr den Spielsachen schenkt, daher . . . sieh dir das an!«

Bastian hört ein Wimmern, Ächzen, Krächzen, ein Krachen, ein Quietschen, ein Rattern und ein Schnaufen. Er sieht ein Schleichen, ein Kriechen, ein Holpern und ein Hinken. Hier ist nichts mehr so lustig wie im anderen Teil des Sterns Globulus. Auch die Farben sind nicht so bunt, die Globulianer wirken verstaubt.

Dieses traurige Bild erinnert Bastian an seine Spielzeugschachteln, in denen sich das alte Spielzeug befindet, mit dem er schon seit langem nicht mehr spielen möchte. Auch seine Spielsachen sind verstaubt und funktionieren nicht mehr so gut, weil er sich mit ihnen nicht mehr beschäftigt.

Da es sich aber hier nicht um seine Spielsachen, sondern um die Globulianer handelt, bekommt er Mitleid. Dort liegt eine Puppe, die traurig ist, weil ihre Doppelgängerin auf der Erde nicht mehr beachtet wird, da sie sich weder ferngesteuert bewegen noch Tränen weinen, noch aufs Töpfchen gehen kann. Da schleicht ein Lastauto dahin, weil sein Doppelgänger immer ein Lastauto bleiben wird und sich nicht in ein Flugzeug, in ein Weltraumschiff oder in eine Kampfmaschine verwandeln kann. Da pip-pipt kläglich ein altes Computerspiel, weil sein Doppelgänger längst nicht mehr benützt wird.

Bastian entdeckt Globulianer, also Spielsachen, die bei ihm bereits in Vergessenheit geraten sind. Interessiert wendet er sich ihnen zu.

Plötzlich stolpert er beinahe über ein aus Bausteinen zusammengesetztes Flugzeug. »Paß auf!« schreit der Pilot.

»He, dich kenn' ich ja!« ruft Bastian erstaunt. »Du und dein Flugzeug, ihr wurdet doch von mir vor langer Zeit einmal gebastelt.«

»Wir nicht, aber unsere Doppelgänger. Schau, da gibt es noch mehr, die dir bekannt sein werden.«

Bastian sieht nun die kleine Anlage aus bunt gemischtem, verschiedenstem Spielzeug, alles genau so, wie er es einmal in seinem Zimmer aufgestellt hat: der Flughafen mit einem elektronisch steuerbaren Feuerwehrauto, mit aus Baumaterial zusammengesetzten Hubschraubern, deren Propeller sich durch einen Batterieantrieb drehen lassen. Daneben der Tierpark, in dem sich bei ihm zu Hause kleine Plastiktiere, sein Teddy und ein von Papa geschnitztes Holzpferd befanden. Jetzt tummeln sich die gleichen Tiere darin, nur sind sie eben lebendige Globulianer.

Bastian bemerkt, daß einige Bausteine noch herumliegen und daß die Lichter im Flugzeug nicht brennen. Sofort macht er sich ans Werk, verbindet Drähte, baut für die Tiere ein Gehege – und, siehe da, im Nu vergeht die Zeit. Bastian hat sich kein bißchen gelangweilt. So schön hat er schon lange nicht mehr gespielt.

»Danke. Du hast uns wieder Kraft gegeben und uns fröhlich gemacht«, sagen die Globulianer.

Globulo zupft ihn am Ärmel. »Es ist Zeit. Du mußt zurück. Auf der Erde wird es bald Tag.«

»Aber es gibt hier doch noch so viele Globulianer, mit denen ich spielen könnte«, erwidert Bastian.

»Das sollst und kannst du gar nicht. Um mit uns allen richtig zu spielen, müßtest du tausend Kinderleben haben und dürftest nie erwachsen werden. Wichtig ist, daß du dich nicht langweilst und deine Spielsachen gern hast. Es kommt darauf an, daß du Spaß daran hast und wie interessant du dein Spiel gestaltest, nicht mit wie vielen Sachen und mit welchem neuesten Modell du spielst. Du könntest uns hier daher gar nicht mehr helfen, als du es bereits getan hast«, erklärte Globulo. »Du brauchst einen Begleiter, denn ich kann dich nicht mehr zur Erde zu-

rückführen. Am besten ist es, wenn dich das Flugzeug mit dem Kapitän nach Hause bringt. Da noch Platz drinnen ist, darf noch jemand mit euch fliegen. Such dir einen Globulianer aus, den du besonders gern hast«, schlägt Globulo vor.

»Puh, das ist aber schwierig. Am liebsten würde ich euch alle mitnehmen.« Bastians Augen streifen über die große Schar der Globulianer. Am besten gefallen ihm doch die Flughafenanlage und der Tierpark, mit denen er sich so schön beschäftigt hat. Plötzlich schnaubt das Globulianer-Pferd. »Dich nehme ich mit!« ruft Bastian spontan. Mit seinem Doppelgänger spielte er zu Hause zwar kaum, da es ihm kindisch vorkam, mit einem einfachen Holzpferd, das so gar nichts kann, die Zeit zu verbringen. Aber er war doch stolz, daß sein Vater so gut schnitzen konnte, und so war ihm das Pferd gar nicht so gleichgültig, wie er vor seinen Freunden tat.

»Eine gute Wahl«, lobt ihn Globulo. »Du wirst sehen, wieviel Spaß ihr alle miteinander auf der Erde haben werdet. Mich wundert nur, daß du dir nicht den Super-Mega-Globylon aus dem fröhlichen Teil unseres Sternes Globulus ausgesucht hast. Er ist das tüchtigste Männchen des allerneuesten Computerspiels. Du meintest doch, daß du unbedingt das modernste Computerspiel brauchst, um es Peter zu zeigen.«

»Mhm. Ich möchte es schon haben. Es würde mich sehr, sehr freuen, wenn ich mit dem neuesten Computerspiel nach Hause käme, noch dazu, wenn wir uns jetzt solche teuren Spiele nicht mehr leisten können. Die Kinder in der Klasse und vor allem Peter hätten mich beneidet. Es tut mir schon sehr leid, daß ich es nicht auch noch mitnehmen kann. Da ich aber nur einen der Globulianer auswählen darf, habe ich mich eben für das liebe Globu-

lianer-Pferd entschieden. Wir haben so schön miteinander gespielt, und ich möchte ohne das Pferd nicht wegfliegen. Ich muß eben auf das Super-Mega-Computerspiel mit dem Super-Mega-Männchen verzichten. Schade. Aber eigenartig, trotzdem bin ich weder enttäuscht noch traurig, es tut mir nur ein bißchen leid. Und das ist nicht so schlimm«, sagt Bastian und überlegt: »Also ist es gar nicht so schrecklich, wie ich dachte, auf etwas zu verzichten. Sich nicht mehr alles leisten zu können, ist zwar nicht immer angenehm, aber sicher kein Unglück.«

»Es ist Zeit, ihr müßt abfliegen!« Globulo reißt Bastian aus seinen Gedanken. Sie umarmen sich, winken einander zu, und schon hebt das Flugzeug ab.

Gerade noch rechtzeitig, bevor die Sonne durch das Schlafzimmer der Eltern scheint, landen alle wohlbehalten in Bastians Bett.

Da heute gerade ein Feiertag ist, hat Bastian genügend Zeit, um mit seinen neuen Freunden, dem Flugkapitän, dem Pferd und dem Flugzeug, zu spielen. Aber er läßt auch seine anderen Spielsachen nicht unbeachtet. Er beschließt, daß er jene Sachen, die er wirklich nicht mehr brauchen kann, an eine Hilfsorganisation schicken wird. Die leitet sie dann an Kinder weiter, die gar keine Spielsachen haben. Es sollen ja alle Doppelgänger auf dem Stern Globulus fröhlich sein.

Am nächsten Tag kommt Peter zu Besuch. Peter hat sein neuestes Computerspiel mitgenommen, und Bastian darf damit spielen. Er ist begeistert und beneidet Peter ein klein wenig. Er denkt wehmütig an Super-Mega-Globylon aus dem Super-Mega-Computerspiel, mit dem er jetzt Peter imponieren könnte.

Während Bastian sich mit dem Computerspiel beschäftigt, wird es Peter schon langweilig. »Komm, schauen wir uns den Katalog an, damit wir sehen, welche neuen Sachen es zu kaufen gibt. Ich weiß nämlich nicht, was ich mir alles zum Geburtstag wünschen soll.«

Bastian geht mit ihm den Katalog durch. Es gibt viele schöne Sachen zu betrachten. Sie stellen sich vor und malen sich aus, was sie damit alles anfangen könnten, bis sie vom Dahinträumen müde werden. Die Vorstellung der vielen Möglichkeiten hat ihnen großen Spaß gemacht, fast so, als ob sie wirklich damit gespielt hätten.

Bastian zeigt Peter seine neuen Freunde, ohne ihm die Geschichte der Globulianer zu erzählen. Peter hätte sie ihm wahrscheinlich gar nicht geglaubt oder sie nicht verstanden. »Na und? Was ist denn so Besonderes an diesen Spielsachen? Ein aus Bausteinen zusammengesetztes Flugzeug mit Beleuchtung und einem Kapitän und ein grobgeschnitztes Holzpferd? Was können wir schon damit anfangen? Das ist doch eher etwas für kleine Kinder!« Für Peter erscheinen die Spielsachen nämlich nicht als Globulianer, sie sind für ihn eben nur einfaches, altes Spielzeug ohne Seele. Doch Bastian überhört Peters Bemerkungen und fängt an, mit seinen Freunden zu spielen. Seine Fantasie wird beflügelt, er erlebt seine Spielsachen fast wie am Stern Globulus und hat so richtig Spaß am Spiel. Es kommen ihm die tollsten Ideen.

Plötzlich ist auch Peter mit ganzem Herzen dabei, für einen kurzen Augenblick erscheint es ihm, als ob die Spielsachen voller Leben wären.

»Das ist schön! Das möchte ich öfter mit dir spielen!« ruft Peter begeistert. »Ich borge dir dafür meinen Computer.«

»Fein, abgemacht!« verabschiedet sich Bastian von Peter.

Es fällt Bastian natürlich nicht immer leicht, auf all seine Wünsche zu verzichten, um der Familie sparen zu helfen. Aber traurig ist er deswegen nicht, auch wenn es ihm leid tut, daß die Eltern Geldsorgen haben. Er hat auch keine Angst mehr, daß es bedrohlich sein könnte, sich einschränken zu müssen. Manchmal genügt eine Fantasiereise, in der man sich seine Wünsche verwirklicht vorstellt, um zufrieden zu sein. Solche Fantasiereisen sind oft spannender und aufregender als ein erfüllter Wunsch. Es ist schön, von etwas träumen zu können.

Am schönsten jedoch ist es für Bastian, ganz einfach Spaß am Spiel mit seinen Freunden, den Globulianern oder mit ihren Doppelgängern zu haben. Und da ist es nicht so wichtig, wie alt oder wie neu das Spielzeug ist.

Zeichne oder male dein Lieblingsspielzeug und vielleicht auch das, worauf du verzichten könntest. Welche Doppelgänger möchtest du bei den Globulianern treffen?

Die Tränenkugel und der Liebesgrußkalender

Papa muß eine Woche auf Dienstreise fahren, und Mama soll ihn diesmal ausnahmsweise begleiten. Die drei Kinder, Laura, Magdalena und Georg, sind damit einverstanden. Die Eltern haben nämlich versprochen, ihnen eine besonders schöne Überraschung von der Reise mitzubringen. Es wird vereinbart, daß alle drei während dieser Woche bei der Tante bleiben. Sie freuen sich schon darauf, denn mit der Tante haben sie es immer lustig.

Aber kaum sind die Eltern abgereist, haben die Kinder schon Sehnsucht nach Papa und Mama. Es ist ihnen ganz kläglich zumute.

Als die Tante jedoch neue Spielsachen auspackt und mit ihnen zu spielen beginnt, vergessen sie bald ihren Kummer. Beim Schlafengehen darf sich jeder noch eine Einschlafgeschichte wünschen, dann wird das Licht abgedreht.

Nach einigen Minuten kommt Georg, der jüngste von den dreien, zur Tante ins Zimmer. »Laura weint«, verkündet er und fühlt sich dabei wichtig.

Die Tante steht sofort auf und geht mit Georg zu Laura, der ältesten. Schluchzend erklärt Laura, daß ihr die Mama so fehlt. Die Tante tröstet sie, und Laura beruhigt sich bald wieder.

Kaum hat sich die Tante hingesetzt, geht die Tür wieder auf, und Georg trippelt herein. »Laura weint schon wieder. Und Magdalena auch«, sagt er ernst. Georg ist stolz, daß er viel tapferer als seine älteren Schwestern ist.

Die Tante geht zu den Mädchen, Magdalena weint nur deshalb, weil Laura schluchzt, obwohl auch sie Sehnsucht nach Mama hat. Laura stammelt, daß sie Angst hat, den Eltern könnte etwas zustoßen, ein Unfall zum Beispiel. Während die Tante Laura zu beruhigen versucht und ihr erklärt, daß die Eltern sicher jetzt besonders gut auf sich aufpassen werden, schläft Georg ein. Auch Magdalena fallen schon die Augen zu. Nur Laura kann und kann nicht einschlafen. Als die Tante glaubt, Laura wäre nun getröstet, geht sie wieder in ihr Zimmer.

Laura sieht, wie ihre Geschwister bereits tief und fest schlafen und fühlt sich noch verlassener. Aufs neue beginnen die Tränen zu fließen. Plopp. Eine besonders dikke Träne fällt auf den Fußboden. Sie wirkt wie eine Glaskugel und schimmert bläulich im Mondlicht.

»Wenn meine Träne nur zu Mama rollen könnte, damit sie weiß, wie traurig ich bin. Vielleicht kommt sie dann sofort zu uns zurück«, denkt Laura sehnsuchtsvoll. Plötzlich bemerkt sie, daß die bläulich schimmernde Träne zu einer wunderschönen Glaskugel wird. Sie beginnt zu rollen, schneller und immer schneller, so schnell, daß sie zuletzt wie ein kurzer Lichtblitz aus dem Zimmer flieht.

Laura ist tief beeindruckt und glaubt fest daran, daß nun ihr Wunsch in Erfüllung geht. Jetzt kann auch sie endlich einschlafen.

Lauras Träne ist auf die Reise gegangen, über Berge, über Täler, über Flüsse, über Städte – bis in das Hotelzimmer des fernen Ortes, wo sich Lauras Eltern befinden.

Die Eltern sind gerade von einem vergnüglichen Abendessen mit Geschäftsfreunden zurückgekehrt, als

ihnen quer über den Teppichboden die bläulich schimmernde Kugel entgegenrollt. Der Vater hebt sie auf und meint, ein Kind habe sie im Hotel verloren. Doch als die Mutter die Kugel betrachtet, verwandelt sie sich wieder in die Träne ihrer Tochter.

Die Mutter erkennt sofort, was die Träne ihr mitteilen möchte. »Ich weiß, daß Laura voller Sehnsucht ist, deshalb hat sie mir ihre Träne geschickt. Wenn sie so allein im Bett liegt, dann kommen ihr viele trübe Gedanken. Sie ist in Sorge und fühlt sich verlassen. Wir haben es hier so schön, aber Lauras Träne macht mich traurig. Auch mir fehlen die Kinder. Aber wenn ich Sehnsucht bekomme, stelle ich mir vor, wie sie mit der Tante lustige Spiele spielen. Dann freue ich mich, daß es meinen Lieben gut geht. Warum kann Laura sich nicht auch so helfen? Wie schön wäre dann unsere Reise und wie fröhlich unser Wiedersehen«, seufzt die Mutter. »Was kann ich bloß für sie tun?«

Traurig betrachtet die Mutter Lauras Träne. Da kollert auch ihr eine Träne über die Wange und fällt genau auf Lauras Träne. Die beiden verbinden sich und werden zu einer violett schimmernden Kugel, die nun doppelt so groß ist. Kaum haben die Tränen diese Form angenommen, rollt die Kugel, schnell und immer schneller, saust wie ein Blitz aus dem Hotel, über Berge, über Täler, über Flüsse, über Städte – bis in Lauras Bett.

Die Tante betritt das Zimmer, um die Kinder zum Frühstück zu rufen. »Na, wie ist eure erste Nacht bei mir gewesen? Seid ihr ausgeschlafen? Kommt, die heiße Schokolade steht schon auf dem Tisch.«

Magdalena und Georg hüpfen aus dem Bett. Laura reibt sich die Augen, wälzt sich herum und – »Au! Was

drückt mich da?« Sie schaut auf ihr Kopfkissen und entdeckt die violett schimmernde Kugel. Laura hebt sie gegen das Licht und sieht durch die Kugel in weiter Ferne ihre Mutter. Sie sieht, wie die Mutter beim Frühstück sitzt und mit Papa plaudert, sie erkennt, welches Kleid die Mutter anhat, sie kann also alles, was Mama gerade tut, wo sie sich befindet, wie es dort aussieht, durch ihre Tränenkugel erblicken. »Das ist ja herrlich! Ich weiß jetzt immer, was Mama macht, ich bin also ganz bei ihr, obwohl wir so weit voneinander entfernt sind.« Laura freut sich und setzt sich erleichtert an den Frühstückstisch.

Tagsüber haben sie mit der Tante wieder viel Spaß, und so vergeht der Tag wie im Flug. Am Abend bekommt Laura wieder Sehnsucht nach Mama. Sie schaut durch ihre Tränenkugel und sieht ihre Mutter gerade herzlich lachen. Laura wäre beinahe böse geworden, daß ihre Mutter so fröhlich sein kann, wenn sie doch jetzt weiß, daß Laura Sehnsucht nach ihr hat. Aber sie schämt sich für diesen Gedanken und verscheucht ihn gleich wieder. Als sie aber im Bett liegt und das Licht abgedreht worden ist, wird die Sehnsucht nach der Mutter immer stärker. Laura hat zwar keine Angst mehr, daß den Eltern etwas zugestoßen sein könnte, da sie ja jederzeit durch ihre Tränenkugel erkennen kann, was die Eltern gerade tun und wo sie sich befinden. Aber sie fühlt sich noch immer verlassen und unsicher. Wieder kullern Tränen ihre Wangen herunter, die alle auf die violett schimmernde Glaskugel fallen.

Doch diesmal verbinden sich die Tränen nicht mit der Kugel, und diese beginnt auch nicht zu rollen, schnell und immer schneller, über Berge, über Täler, über Flüsse, über Städte – bis in das Hotelzimmer der Mutter. Die

vielen Tränen haben die Glaskugel zum Schmelzen gebracht und zu einem kleinen See werden lassen. In der Mitte dieses Tränensees schimmert rötlich, wie ein kleiner Öltropfen, Mamas Träne.

Laura hätte beinahe noch mehr zu weinen angefangen, da sie jetzt auch noch die Glaskugel verloren hat, mit deren Hilfe sie Mama doch nahe gewesen ist. Aber da sieht sie Mamas Träne, die Mama nur geweint hat, weil Laura traurig ist. »Mama will nicht, daß ich traurig bin. Ich will auch nicht, daß Mama traurig ist. Mama ist aber nur traurig, weil ich traurig bin. Und ich bin nur traurig, weil Mama nicht bei mir ist. Wenn Mama nicht fortgefahren wäre, müßte also niemand traurig sein«, überlegt Laura und denkt dabei nur an sich.

Ihr kommt gar nicht in den Sinn, daß so eine Reise für Mama erholsam und interessant ist. Mama sieht viele neue, schöne Dinge, die sie fröhlich machen. Und für Papa ist es eine Hilfe, wenn er nicht allein in einem fremden Hotel sein muß. Sie überlegt nicht, daß man, obwohl einem der andere fehlt, trotzdem lachen kann und nicht traurig sein muß. Laura erkennt nicht, daß die Kinder ja viel mehr von einer erholten, fröhlichen Mutter haben. Sie denkt nicht daran, wie schön das Wiedersehen mit einer strahlenden, glücklichen Mutter und einem zufriedenen Vater sein kann.

Mutters rötlich schimmernde Träne schwankt inmitten Lauras kleinen Tränensees auf und ab. Sie wirkt so hilflos und ratlos, es scheint, als würde sie Laura bitten wollen: »Hilf mir, mach es mir nicht so schwer. Laß mich nicht in deinen Tränen untergehen. Gib mir Kraft. Schließ mich wieder in eine Tränenkugel ein, damit ich dir schöne Bilder zeigen kann.«

Laura bekommt Mitleid mit Mamas Träne. Sie denkt daran, was sie alles durch die Glaskugel sehen konnte und wie tröstlich diese Bilder für sie waren. Sie muß zugeben, daß mit der Glaskugel die Sehnsucht viel leichter zu ertragen war. Der Tränensee hat sie nur noch trauriger gemacht. Sie will auch nicht mehr, daß Mama wegen ihr traurig sein muß und vielleicht noch so eine klägliche Träne weint.

Liebevoll, fest an Mama denkend, blickt Laura auf die rötlich schimmernde Träne im Tränensee. Da zieht sich der See zusammen, wird runder und runder, bis wieder die violett schimmernde Glaskugel vor Laura liegt. Laura hebt sie sofort auf und blickt durch sie hindurch. Sie sieht ihre Mutter, wie sie tief seufzt, dann die Augen schließt und lächelt.

»Jetzt denkt sie gewiß ganz lieb an Magdalena, an Georg und mich«, erkennt Laura sofort. »Ich werde auch die Augen schließen und mir Mamas Lächeln vorstellen.«

Natürlich hat Laura noch immer Sehnsucht nach ihrer Mutter. Aber sie ist nicht mehr ganz so traurig und fühlt sich nicht so verlassen.

Die Woche ist schnell vergangen. Schon sind die Eltern wieder zurückgekehrt. Strahlend umarmt die Mutter ihre Kinder. Der Vater packt die versprochenen Überraschungen aus. Für Georg ein Männchen, das über den Tisch wackelt, ohne herunterzufallen, für Magdalena eine Puppe in der Tracht des fremden Landes und für Laura eine Sofortbild-Kamera für Kinder. »Damit kannst du uns alle fotografieren und uns immer betrachten, auch wenn wir nicht da sind«, sagt der Vater zu Laura. Und Laura knipst sofort ein Bild nach dem anderen.

»Ich habe eine Idee!« ruft die Mutter. »Wir basteln einen Liebesgrußkalender.«

»Ein Liebesgrußkalender? Was ist das?« will Magdalena wissen.

»Na ja«, sagt die Mutter. »Unsere Reise war für mich so schön und erholsam. Bei Papas nächster Dienstreise werde ich ihn wieder begleiten. Ihr werdet mir genauso fehlen wie ich euch. Ich will nicht, daß einer von uns deswegen traurig sein muß, deshalb habe ich mir den Liebesgrußkalender ausgedacht.« Die Mutter blinzelt Laura zu, denn sie weiß noch sehr gut, was ihr Lauras Tränenkugel verraten hat.

Die Mutter erklärt weiter: »Wir basteln gemeinsam einen richtigen Kalender für so viele Tage, wie Papa und ich weg sind. Oder besser gesagt, wir basteln vier Kalender. Je einer ist für euch gedacht und einer für Papa und mich. Von den Fotos, die Laura geknipst hat, sucht sich jeder diejenigen aus, die ihm am liebsten sind. Wir kleben sie dann jeweils auf ein bestimmtes Kalenderblatt. Damit aber noch nicht genug. Wir zeichnen, malen oder schreiben für jeden von euch einen Liebesgruß unter unsere Fotos, für jeden Tag. Und ich mach das genauso für uns. Was wir zeichnen, malen oder schreiben, bleibt natürlich ein Geheimnis.«

»Fein, das machen wir! Das wird interessant!« rufen die Kinder.

Die Mutter erklärt weiter: »Wenn Papa und ich wieder fortfahren, übergeben wir einander die Liebesgrußkalender. Ähnlich wie beim Adventkalender ist es Ehrensache, daß nur das Kalenderblatt des betreffenden Tages angeschaut werden darf. Am ersten Abend unserer Abreise reißt jeder von seinem Kalender das erste Blatt ab und schaut sich den Liebesgruß an, den er erhalten hat. So

bekommen wir alle jeden Abend voneinander eine Überraschung geschenkt und wissen ganz genau, wie lieb wir einander haben und wie sehr wir aneinander denken. Das ist der beste Trost, wenn der andere weit weg ist. Nicht wahr, Laura? Wie findest du das?«

»Ich finde das super. Aber trotzdem ist es mir lieber, wenn du bei uns bist«, sagt Laura kleinlaut.

»Das will ich hoffen!« sagt die Mutter lächelnd. »Das wäre gar nicht schön von dir, wenn es dir so überhaupt nichts ausmacht, wenn wir wegfahren. Es soll dir ja nicht gleichgültig sein, ob wir da sind oder nicht. Nur möchte ich nicht, daß mich wieder eine Tränenkugel überrascht – und du möchtest das wahrscheinlich auch nicht!« Die Mutter drückt Laura fest an sich.

Laura ist zwar noch nicht ganz sicher, ob sie nicht wieder traurig sein wird, wenn die Mutter weit weg von ihr ist. Aber sie nimmt sich vor, sich dann durch den Liebesgrußkalender trösten zu lassen.

Seit die Eltern wieder zurückgekommen sind, hat die Tränenkugel ihren violetten Schimmer verloren und damit auch die Kraft, durch sie Bilder zu sehen. Aber sie ist eine prächtige Glaskugel geblieben, die Laura in ihrem Nachtkästchen aufbewahrt. Laura weiß, daß ihr die Kugel trotzdem wieder helfen wird, wenn sie voller Sehnsucht nicht einschlafen kann. Sie wird ihr helfen, sich das liebe Lächeln der Mutter vorzustellen.

Zeichne oder male, wie dein Wunsch-Liebesgrußkalender aussehen soll.

Das fröhliche Krankenzimmer

Clemens ist krank. Sehr krank. Der Arzt hat gesagt, daß er in einigen Tagen im Krankenhaus operiert werden muß. Clemens ist sicher kein Feigling und kein wehleidiger Junge. Aber trotzdem hat er Angst. Große Angst. Das ist verständlich, da Clemens gar nicht weiß, wie es in einem Spital zugeht. Außerdem: Ohne seine Familie in einer unbekannten Umgebung zu sein, in einem fremden Bett liegen zu müssen und dabei noch krank zu sein, ist sicher nicht lustig.

Clemens bekommt in der Nacht hohes Fieber. Je höher das Fieber steigt, desto leichter und entspannter fühlt sich Clemens. Er sieht noch das besorgte Gesicht seiner Eltern, und dann fällt er in einen tiefen Schlaf. Er hat einen Fiebertraum. Eine weiße Wolke hüllt ihn ein und hebt ihn vom Bett auf. Es erstaunt ihn gar nicht, als er bemerkt, daß sein Körper, noch schweißtriefend, im Bett liegt und daß er aus immer größerer Ferne seine Eltern sieht, die sich verzweifelt bemühen, den stark fiebernden, glühenden Körper ihres Jungen abzukühlen.

Clemens fühlt sich leicht, wie schwerelos. Ein herrliches Gefühl. Er vertraut ganz der weißen Wolke und läßt sich von ihr sanft zu einem unbekannten Ziel tragen. Die weiße Wolke nähert sich einem großen Gebäude, dem Landes-Krankenhaus. Sie dringen mühelos durch die Mauern und schweben in ein Krankenzimmer, in dem sechs Betten stehen. Ein Bett ist leer, in den anderen liegen jüngere und ältere Kinder. Ein kleines Mädchen hält ihren Stoffhund im Arm und gibt ihm Tee aus der Schnabeltasse, aus der die Kranken im Liegen gut trin-

ken können. Ein älterer Junge blättert in einem Comic-Heft und lacht. Zwei andere Kinder spielen miteinander Memory. Wenn man sie so sieht, wie wohl sie sich fühlen und wie fröhlich sie sich beschäftigen, könnte man glauben, in einem Ferienheim zu sein.

Nur ein Mädchen, das gerade erst ins Spital gebracht worden ist, liegt ängstlich und schüchtern im Bett und tut gar nichts. Sie soll am nächsten Tag, gleich am frühen Morgen, operiert werden. Es ist eine harmlose Mandeloperation, aber das Mädchen hat vor der Narkose und den vielen Geräten Angst.

Clemens möchte dem Mädchen gerne helfen. Aber er ist umhüllt von seiner weißen Wolke und kann nichts weiter tun als alles beobachten.

Da betritt eine Krankenschwester in einer weiß-blauen Schwesternkleidung das Krankenzimmer. Sie geht sofort zu dem Mädchen hin und versucht es zu beruhigen. Sie erklärt ganz genau, was eine Mandeloperation und eine Narkose bedeuten. Bevor sie noch zu Ende gesprochen hat, geht die Tür auf, und ein Krankenpfleger fährt eine Liege auf Rollen in das Zimmer.

»Ah fein«, sagt die Krankenschwester. »Hannes ist schon von seiner Blinddarmoperation zurück.«

Der Krankenpfleger hebt Hannes vorsichtig von der Liege in das leerstehende Bett. »So, jetzt seid ihr wieder alle vollzählig beisammen. In ein paar Stunden wird euch Hannes von seiner Operation erzählen können. Jetzt muß er sich noch ausschlafen«, sagt der Krankenpfleger und fährt die Liege aus dem Zimmer.

Die Krankenschwester nimmt eine Flasche mit einer farblosen Flüssigkeit und einem langen, dünnen Schlauch daran, hängt sie auf die Stange über Hannes' Bett, schließt

an den Schlauch eine Nadel an und ... und da vergräbt das Mädchen ängstlich sein Gesicht im Kissen.

Normalerweise hätte Clemens genauso erschrocken die Augen zugemacht, aber in seiner weißen Wolke empfindet er vor gar nichts Angst.

Als die Krankenschwester sieht, wie sich das Mädchen ängstigt, hält sie in ihrer Arbeit inne und wendet sich ihr zu.

»Alle Kinder fürchten sich das erste Mal vor der Spritze, sogar manche Erwachsene. Dabei ist der Nadelstich ganz harmlos und tut überhaupt nicht weh. Es piekst nur kurz. So kurz, daß man gerade noch ›au!‹, aber nicht einmal ›auweh!‹ sagen kann. So schnell ist es vorbei, und der Piekser ist sofort vergessen.«

»Stimmt«, ruft der große Junge und legt sein Comic-Heft zur Seite. »Der Nadelstich macht mir gar nichts aus. Ich bekomme jeden Tag so eine Infusion.« (So nennt man die Flüssigkeit, die durch die Flasche mit dem Schlauch tropft.) »Im Spital bekommt man jede Hilfe gegen Beschwerden, hier kann einem daher überhaupt nichts schreckliche Schmerzen bereiten. Es ist nur die Angst, durch die du dir einbildest, daß dir die Behandlung weh tut«, meint der Junge und fühlt sich ganz tapfer.

Clemens, umhüllt von der weißen Wolke, versteht nun sehr gut, was der große Junge meint. In seinem leichten, schwebenden Zustand sieht er im Spital gar nichts als gefährlich und beunruhigend an. Er erkennt nur, wie gut man hier gepflegt wird.

Hannes erwacht langsam. Da betreten schon seine Eltern das Krankenzimmer und setzen sich an sein Bett. »Wie geht es dir?« wollen sie natürlich sofort wissen. Hannes ist noch von seinem tiefen Narkoseschlaf etwas benom-

men und spricht leise: »Gut. Sehr gut. Bin ich denn schon operiert?«

»Greif auf deinen Bauch«, lacht die Krankenschwester.

Hannes fühlt den Verband. »Das tut mir überhaupt nicht weh. Und von der Operation habe ich gar nichts gespürt.«

»Natürlich. Deshalb hast du auch eine Narkose bekommen, die dich in einen tiefen Schlaf versetzt, und jetzt, wo du aufgewacht bist, ist alles vorbei. Beim Aufstehen wird dich die Naht am Bauch noch ein wenig zwicken. Aber jeden Tag wird es besser, und in einer Woche springst du schon wieder zu Hause herum«, sagt der Arzt. Er überprüft, ob die Nadel gut in Hannes' Arm angebracht ist.

Jetzt erst bemerkt Hannes, daß er an einer Infusion angeschlossen ist. Die Nadel in seinem Arm ist ihm gar nicht aufgefallen. Schon wieder ist Hannes überrascht, daß seine Befürchtungen, die er vor dem Spitalsaufenthalt hatte, nicht eingetroffen sind.

»Ich hab euch ja gesagt, daß man die Nadel nicht spürt«, verkündet stolz der große Junge.

Der Arzt geht jetzt zu dem Mädchen mit dem Stoffhund. »Wie heißt denn dein Hund?« fragt der Arzt das Mädchen. »Flixi«, antwortet sie vergnügt, aber mit einer etwas krächzenden, leisen Stimme. »Flixi, hilfst du mir, unsere Patientin zu untersuchen? Ja? Gut. Dann bist du ab nun Dr. Flixi.«

Das Mädchen kichert, und die anderen Kinder lachen mit.

Clemens sieht, wie der Arzt zuerst den Hund Dr. Flixi mit der Pfote auf den Rücken des Mädchens klopfen läßt.

»Hihi, das kitzelt«, krächzt sie. Dann wiederholt der Arzt den Vorgang. »Jetzt wird der Puls gemessen. Dr. Flixi, zähl mit, damit ich beim Zählen keinen Fehler mache«, scherzt der Arzt. »Bravo, junge Dame, alles in Ordnung. Nun laß Dr. Flixi und mich noch einmal in deinen Hals schauen, damit wir wissen, wie lange du noch nach deiner Mandeloperation zu krächzen gedenkst, wie ein alter Rabe. Mund aufgemacht, so weit wie ein Scheunentor! Dr. Flixi, gib mir bitte die Holzspachtel. Danke, du bist ein guter Assistenzarzt. So, fertig.« Der Arzt bemüht sich, ein ernstes Gesicht zu machen. Aber seine Augen blinzeln lustig dabei: »Kinder, ich muß euch etwas Trauriges mitteilen. Dieser krächzende Rabe wird uns heute schon verlassen. So schnell wird uns eure Freundin untreu.« Alle lachen. »Hört ihr sofort auf zu lachen!« scherzt der Arzt weiter. »Dr. Flixi, was sagst du zu dieser Bande? Statt zu weinen, lachen sie!«

Aber da ruft das neu angekommene Mädchen fröhlich: »Ab morgen gibt es in diesem Zimmer wieder einen krächzenden Raben, nämlich mich!«

»Da hast du recht. Wir werden sehen, ob du auch so ein Meister im Krächzen wirst«, sagt der Arzt und verabschiedet sich von den Kindern. Er hat einen Notruf bekommen und muß sofort zu einem schwerkranken Jungen fahren.

Die Kinder sind nun ganz ausgelassen und lachen über alles und jedes. Das Mädchen, das bereits entlassen wird, spielt Krankenschwester. Sie borgt sich die grüne Operationsmütze der Krankenschwester aus. Die ist ihr natürlich viel zu groß und rutscht ihr über die Augen, sodaß sie über das Bett stolpert. Der große Junge schneidet Grimassen und will unbedingt von dem Hund Dr. Flixi eine Injektion bekommen. Nur Hannes quiekt manchesmal

»auweh!« und hält sich den Bauch. Das Lachen zwickt noch ein bißchen an seiner Naht im Bauch. Aber trotzdem läßt er sich nicht vom Lachen abhalten.

Clemens, in seiner weißen Wolke, hätte so gerne mitgelacht. Es tut ihm leid, daß sein Körper noch krank zu Hause liegt und er hier nur als unsichtbarer Beobachter verweilen darf. Das Krankenzimmer ist ihm schon so vertraut geworden, daß es ihm überhaupt nichts mehr ausmacht, daß er hier in ein paar Tagen selbst einige Zeit verbringen wird.

Jetzt kommen auch die Eltern der anderen kleinen Patienten auf Besuch und freuen sich, daß sie alle so fröhlich vorfinden.

Besonders überrascht sind die Eltern des neu angekommenen Mädchens, daß dieses so gar nicht mehr ängstlich ist. »Wir haben dir was mitgebracht, damit du nicht so traurig sein mußt. Aber wir sehen, daß du das überhaupt nicht mehr brauchst.« »Na ja, heute nacht wahrscheinlich doch. Ein bißchen ist mir schon bange. Es ist ja das erste Mal, daß ich von euch fort bin«, erklärt das Mädchen.

»Das ist doch klar, daß das nicht so leicht ist. Wir denken auch jeden Augenblick an dich«, meinen die Eltern. »Damit du dich nicht allein und verlassen fühlst und deutlich spüren kannst, wie nah wir dir sind, haben wir dir dieses Geschenk mitgebracht.«

Die Mutter zieht aus der Tüte einen kleinen, grasgrünen Frosch hervor. »Der sieht genauso aus wie der Frosch Quaksi auf meinem Lieblingsposter, das in meinem Zimmer hängt. Jetzt habe ich etwas, das mich an zu Hause erinnert. Fein!«

»Auch an uns soll er dich erinnern. An uns und daß wir immer lieb an dich denken und dadurch ganz bei dir sind.« Die Mutter nimmt nun den kleinen grasgrünen Frosch, drückt ihn langsam an ihr Herz und gibt ihm dann einen innigen Kuß. Die selbe feierliche Zeremonie führt der Vater durch. Dann legen sie beide den Frosch auf die Brust ihrer Tochter und geben auch ihr einen Kuß. »So, jetzt ist der Frosch kein gewöhnlicher Frosch mehr. Er ist nun unser Stellvertreter, der dir zeigt, daß wir dir ganz nahe sind. Aber wir wollen auch von dir so einen Stellvertreter geschenkt bekommen.«

»Ich hab' ja nichts Besonderes da«, meint das Mädchen bekümmert.

»Es muß nichts Besonderes sein. Irgend etwas, das von dir ist. Laß uns mal in deinem Nachtkästchen nachschauen, ob wir etwas Geeignetes finden.«

Sie kramen in der Lade herum und wählen ein noch nicht eingeklebtes Klebebildchen aus der Sammelmappe des Mädchens aus. Sie macht nun die Zeremonie ihren Eltern nach und übergibt ihnen feierlich das Klebebildchen.

Clemens gefällt diese Idee. Er beschließt, sie nachzuahmen.

Clemens wird schwerer und schwerer. Noch ist er von der weißen Wolke umhüllt, aber sie scheint ihn nicht mehr so leicht in Schwebe halten zu können. Sie trägt ihn aus dem Krankenhaus hinaus. Sie schweben jetzt bei weitem nicht mehr so hoch wie beim Herflug, denn das zunehmende Gewicht von Clemens drückt sie hinunter. Sie schaffen es gerade noch, das Haus zu erreichen. Zum Glück ist das Fenster seines Zimmers offen, denn diesmal hätte die weiße Wolke Clemens nicht mehr durch die

Wände führen können. Clemens sieht seinen Körper mit feuchten Tüchern belegt. Die weiße Wolke legt sich auf den Körper – und Clemens wacht auf.

Er hört, wie Mutter verzweifelt fragt, wann endlich der Arzt kommt oder ob man nicht doch besser gleich die Rettung rufen soll, um Clemens sofort ins Spital zu bringen.

»Mama, reg dich nicht so auf. Mir geht es schon viel besser«, ruft Clemens noch mit matter Stimme. Die Eltern stürzen zu ihm hin. »Wirklich! Er ist gar nicht mehr so heiß«, sagt der Vater erleichtert.

Da läutet schon der Arzt. Clemens traut seinen Augen nicht. Es ist derselbe Arzt aus dem Krankenzimmer, das Clemens in seiner weißen Wolke beobachtet hat. Der Arzt untersucht Clemens und sagt: »Es steht nicht mehr schlimm um ihn. In drei Tagen wird ein Bett in meiner Station frei, weil ein am Blinddarm operierter Junge entlassen wird. Bis dahin können wir ruhig mit der Einweisung von Clemens ins Spital warten.«

Clemens kann es nicht fassen, daß er denselben Arzt im selben Krankenzimmer bekommt wie die fröhlichen Kinder, die er beobachtet hat.

Da er die ganze Zeit den Arzt entgeistert anstarrt, meint dieser: »Hast du etwa Angst vor dem Krankenhaus? Ich versichere dir, es kann in so einem Kinderkrankenzimmer manchmal auch ganz lustig hergehen.«

»Ich weiß«, entfährt es Clemens unbedacht, »zum Beispiel mit dem Hund Dr. Flixi.«

Jetzt starrt der Arzt Clemens entgeistert an: »Wie, was, woher . . .? Wie ist das möglich?!«

»Ach, ich habe nur davon geträumt«, sagt Clemens verlegen und wird ganz rot im Gesicht.

»Tz, tz, tz.« Der Arzt schüttelt verwundert den Kopf. »Du bist ein ganz besonderer Patient. Ich freue mich schon, wenn ich dich den anderen Kindern vorstellen darf.«

»Ich freue mich auch«, sagt Clemens noch immer ein wenig verlegen. Er denkt sich: »Ich bin neugierig, ob das neu angekommene Mädchen ein besser krächzender Rabe gewesen ist als das Mädchen mit dem Hund Flixi. Leider wird sie, wenn ich ins Krankenhaus komme, auch schon entlassen sein, wie der Junge mit der Blinddarmoperation. Wer wohl in ihrem Bett liegen wird? Wieder ein anderer krächzender Rabe? Welches mein Bett ist, das weiß ich bereits. Fein, mein Nachbar wird der große Junge sein, der sich so tapfer jeden Tag stechen läßt. Ich möchte mich mit ihm anfreunden.« Lächelnd schläft Clemens ein und liegt ganz entspannt in einem traumlosen Schlaf.

Zeichne oder male, wie du dir ein Krankenzimmer im Krankenhaus vorstellst und was du dort so alles erleben wirst.

Der kleine Schornsteinfeger

Philipp wurde bereits im Kindergarten ausgelacht, weil er so klein und zart war. Außerdem konnte er das »R« nicht richtig aussprechen, und darüber lachten vor allem die älteren Kinder.

Philipp hat zwar eine Schwester, aber die ist schon fast erwachsen. Philipp hat also keine Spielgefährten.

Er ist ein stilles, folgsames Kind. Die Eltern sind froh, daß er so brav ist.

Philipp erzählt den Eltern nichts davon, daß er nun in der Schule, genauso wie im Kindergarten, überhaupt nicht glücklich ist. Er wüßte auch nicht, wie er das den Eltern erklären sollte und ob sie ihn verstehen würden.

Der Lehrer ist mit ihm zufrieden, und auf die Hausaufgaben bekommt er von ihm Sternchen und kleine, bunte Bilder geklebt.

Alles scheint daher gut zu laufen. Nur Philipp ist bekümmert. Er wird immer schüchterner und schweigsamer. Er beginnt sogar, sich vor einigen wilden Kindern zu fürchten, obwohl er sie bewundert, weil sie so stark und so mutig sind.

Drei Kinder in der Klasse, Mirko, Eva und Vanessa, würden Philipp gefallen. Die drei sind miteinander befreundet und auch eher ruhige, aber fröhliche Kinder. Doch Philipp ist zu schüchtern, um sie anzusprechen, und sie nehmen von ihm keine Notiz.

Obwohl Philipp keine Freunde hat, wird ihm zu Hause nie langweilig. Er ist gern allein in seinem Zimmer, und er macht Stofftiere und Plastikfiguren zu seinen Freun-

den. Mit ihnen spricht er und läßt sich von ihnen viele schöne Geschichten erzählen.

Am liebsten ist es Philipp aber, wenn ihm seine Mutter vorliest. Am besten gefällt ihm die Geschichte »Das kleine Ich bin Ich«. Sie handelt von dem kunterbunten Tier, das für alle nur ein kleiner Irgendeiner gewesen ist, den niemand ernst genommen hat. Das kunterbunte Tier vergleicht sich immer wieder mit all den anderen Tieren, versucht Freunde zu finden, aber es wird jedesmal abgewiesen. Erst als es erkennt, ein »Ich bin Ich« zu sein, als es also an sich glaubt und nicht mehr unsicher ist, wird es von allen Tieren als Freund angenommen.

Philipp weiß nicht, wie er es anstellen könnte, auch so ein beliebtes »Ich bin Ich« zu werden. »Was heißt das, an sich zu glauben? An was soll ich denn glauben? Ich habe Scheu vor anderen Kindern und weiß gar nicht, was ich mit ihnen reden sollte«, denkt Philipp.

Platsch! Da fällt eine kleine Dose vom Regal herunter, und ein Glücksbringer kollert heraus. Den Glücksbringer, einen kleinen Schornsteinfeger, hat Philipp von seiner Schwester zu Silvester geschenkt bekommen. Es ist ein Anhänger, den er nie getragen hat, weil er keine Kette hat. Philipp möchte den Anhänger wieder in die Dose stecken.

»Halt! Sperr mich nicht wieder ein!« ruft eine fremde Stimme.

In seiner Hand krabbelt etwas. Philipp öffnet die Hand und sieht den kleinen Schornsteinfeger aufgeregt herumfuchteln.

»So viele Monate hast du mich in der Dose gefangen gehalten! Du weißt doch, daß ich ein Glücksbringer bin. Wie kann ich dir helfen, wenn du mich nicht einmal her-

vorholst?!« schimpft der kleine Schornsteinfeger. »Das ist doch die Höhe! Da ist man der beste Glücksbringer und wird nicht beachtet«, regt sich der kleine Wicht weiter auf.

»Aber ich hab' doch gar nicht gewußt, daß du eine kleine Person bist und sprechen kannst. Für mich warst du eben nur ein Anhänger, zu dem mir die Kette fehlt«, verteidigt sich Philipp.

»Deshalb habe ich mich ja melden müssen. Wenn ich dich nicht angesprochen hätte, hättest du mich noch immer nicht bemerkt«, schmollt der Schornsteinfeger. »Na gut, ich verzeihe dir. Da ich dein Glücksbringer bin, werde ich dir zuallererst einmal helfen, die Scheu vor anderen Kindern zu verlieren. Komm also mit auf die Reise über die Dächer dieser Stadt.«

Sie klettern und springen behende von Dach zu Dach. Wann immer es Kinder zu belauschen gibt, rutschen sie durch den Schornstein in den Kamin von deren Wohnung. Zum Glück haben die meisten Familien bereits Zentralheizungen, sodaß Philipp nicht allzu rußig wird.

Philipp erfährt so manches über andere Kinder. Er erlebt, daß einer der wilden Jungen aus seiner Klasse große Angst vorm Zahnarzt hat und ganz kleinlaut ist. Er beobachtet, wie einer der größten Raufer von seinen älteren Brüdern gequält wird und sich nicht dagegen wehren kann. Er sieht den Angeber, der unsicher vor seinem schlechtgelaunten Vater steht, von dem er doch so gern beachtet und anerkannt werden möchte. Er hört die frechen Antworten eines Jungen, der in Wirklichkeit nur gekränkt ist, weil seine Mutter ihn nicht verstehen will. Er beobachtet die bösen Streiche, die ein eifersüchtiger Junge seiner kleinen Schwester spielt, nur weil er glaubt,

daß ihn die Eltern weniger lieb haben. Und Philipp hört, wie ein anderer Junge ausgelacht und verspottet wird, von einem, der unbedingt vor seinen Freunden etwas gelten möchte. Dieser gibt sich deshalb so stark, weil er nicht weiß, wie er den anderen sonst imponieren könnte.

Philipp gewinnt nun einen ganz anderen Eindruck von den Kindern, vor denen er immer so eine Scheu gehabt hat. Das neu gewonnene Bild gefällt ihm viel besser und erleichtert ihn.

»Du siehst, wie sehr man sich täuschen kann, wenn man nur beachtet, was jemand gerade tut oder sagt. Wer sich zum Beispiel garstig benimmt, der muß deswegen kein garstiger Mensch sein. Wie jemand wirklich ist, das kannst du nur erfahren, wenn du dich nicht gleich von seinem Auftreten abschrecken läßt, sondern ihm freundlich und selbstsicher begegnest«, erklärt der kleine Rauchfangkehrer. »Ach, weil ich gerade das Wort ›selbstsicher‹ gesagt habe, da fällt mir ein, du sollst ja auch noch lernen, selbstsicher zu werden. Jetzt weißt du, daß hinter der scheinbar rauhen oder glanzvollen Verpackung mancher Kinder, also hinter ihrem Verhalten, oft ein liebenswerter oder aber ein schwacher Kern steckt. Doch du mußt auch an dich glauben und gut mit anderen Menschen umgehen können. Dazu scheint mir die Glücksbringer-Fabrik der am besten geeignete Lehrplatz zu sein. Genau um Mitternacht steigen wir durch den Schornstein dieser Fabrik. Einverstanden? Du wirst staunen, was du dort alles erleben wirst«, sagt der kleine Schornsteinfeger verheißungsvoll.

Pünktlich mit dem zwölften Glockenschlag gelangen sie in die Halle der Fabrik, wo sämtliche schon fertige

Glücksbringer zum Versand bereit liegen. Kaum ist der letzte Glockenton verklungen, beginnt es in der Halle zu quirlen. Würfel rollen um die Wette, Golddukaten klimpern ein Lied, die Schweinchen grunzen dazu, vierblättrige Kleeblätter machen mit den Punkten der Fliegenpilze einen Auszählreim, und Hufeisen spielen miteinander Bumerang. Am tollsten treiben es aber die kleinen Schornsteinfeger. Sie balgen herum, necken einander – aber immer nur lustig und freundlich.

Bei diesem fröhlichen Treiben würde Philipp gerne mitmachen, aber wen und wie soll er fragen? Er gehört nicht zu ihnen, er ist fremd, da werden sie ihn wahrscheinlich nicht mitspielen lassen, denkt Philipp und wird wieder unsicher. Scheu blickt er nach seinem Begleiter, dem Schornsteinfeger, aber der albert mit den anderen herum und ist für Philipp unter so vielen kleinen Schornsteinfegern nicht zu erkennen. Wieder ist Philipp auf sich allein gestellt. Er zieht sich – wie gewohnt – zurück und beobachtet still das bunte Treiben.

Da fallen ihm ein vierblättriges Kleeblatt und ein Schweinchen auf, die mit einem kleinen Schornsteinfeger im Kreis sitzend Figurenraten spielen. Die drei erinnern ihn an Eva, Vanessa und Mirko aus seiner Klasse, mit denen er sich gerne angefreundet hätte. Philipp ist sehr schnell im Erraten, und es tut ihm leid, daß er nicht mitspielen kann. Fast hätte er sich schon einen Ruck gegeben und die drei gefragt, ob er mitmachen darf, aber schon ist es zu spät. Going! Ein Glockenschlag – und alle Glücksbringer außer Philipps Begleiter stehen wieder stumm in den Regalen.

»Wir kommen morgen nacht wieder her«, tröstet ihn der kleine Schornsteinfeger, »wir kommen so oft zu den Glücksbringern, bis du deine Scheu verloren hast.«

Gesagt, getan. Die nächste Nacht, genau eine Stunde zwischen zwölf und eins, verbringt Philipp wieder in der Fabrikshalle. Diesmal spielen das vierblättrige Kleeblatt, das Schweinchen und der kleine Schornsteinfeger das Spiel »Alles, was Flügel hat, fliegt«. Das vierblättrige Kleeblatt hebt oder senkt dabei seine Blätter, der Schornsteinfeger hebt oder senkt die Zeigefinger, nur das Schweinchen hat bei dem Spiel Probleme. Es verlegt sich aufs Nuscheln oder Grunzen. Aber es irrt sich immer wieder. Wenn es nuscheln sollte bei etwas, das wirklich fliegen kann, grunzt es, und umgekehrt. Das Schweinchen ist schon ganz verwirrt und dreht nervös sein Ringelschwänzchen. Der kleine Schornsteinfeger fängt zu lachen an, und Philipp lacht mit. Auch das Schweinchen gluckst dazu. Es ist ein Lachen, aber kein Auslachen, daher braucht das Schweinchen nicht beleidigt zu sein. Die drei spielen weiter.

Philipp spielt in Gedanken mit und ist dabei sogar besser als der Schornsteinfeger. Er ist so bei der Sache, daß er seine Zeigefinger mitbewegt. Das sieht das Schweinchen und fordert ihn auf, mitzuspielen.

Philipp erschrickt und wird ganz verlegen. Schüchtern setzt er sich zu den dreien. Jetzt macht er aber einen Fehler nach dem anderen und fürchtet, ausgelacht zu werden. Das Schweinchen errät Philipps Gedanken. Es raunt ihm grunzend zu: »Na und?! Dir sind eben Fehler passiert, was ist schon dabei? Bist du deswegen ein anderer? Glaubst du, daß mich das Kleeblatt und der Schornsteinfeger weniger mögen, weil ich das Spiel nicht und nicht kapiere? Sicher haben sie mich gleich gern, ob ich nun gewinne oder verliere. Wir sind gern zusammen, weil wir fröhlich miteinander sein und lachen können. Wir beide wissen, daß du das Spiel gut beherrschst.

Wichtig ist nur, daß es dir Spaß macht, mit uns zu spielen.«

»Du hast recht. Ich werde darüber nachdenken«, verspricht Philipp und möchte sich wieder an dem Spiel beteiligen.

Going! So schnell ist die Stunde vergangen. Philipp muß jetzt den ganzen Tag über auf die nächste Nacht warten, um mit den dreien wieder spielen zu können. »Ich werde morgen ganz locker sein. Ich werde auch keine Angst mehr haben, Fehler zu machen und ausgespottet zu werden«, nimmt er sich fest vor.

In der nächsten Mitternachtsstunde findet er die Gruppe der drei nicht wieder. Sie sind als Glücksbringer verschickt worden. Philipp ist darüber sehr traurig und zieht sich wieder in seine Zuschauerecke zurück. »Ich habe mir vorgenommen, lockerer zu sein. Aber ich kann das ja nur üben, wenn ich irgendwo mitspiele. Da die drei nicht mehr da sind, muß ich eben andere ansprechen«, denkt Philipp ganz mutig.

»Bravo!« sagt sein Begleiter, der kleine Schornsteinfeger, der plötzlich neben ihm steht. „Du machst Fortschritte. Es wäre wirklich schade, wenn die anderen nie erfahren würden, was du für ein netter Junge bist und welch guter Freund du sein kannst. Du bist auch klug und schnell im Denken. Und was das Wichtigste ist, man kann sich auf dich verlassen! Also kann jeder froh sein, der dich zum Freund gewinnt.«

Philipp freut sich über das Lob des kleinen Schornsteinfegers. Er hat sich selbst noch nie so gesehen. Philipp hat immer nur gedacht, daß er den anderen lästig sein könnte, daß er ihnen zu langweilig ist, daß eben die anderen in allem besser sind als er.

Ein lautes «Gewonnen!« reißt ihn aus seinen Gedanken. Huii, fliegt knapp über seinem Haarschopf ein Hufeisen vorbei, kratzt gerade noch die Kurve und landet einige Zentimeter hinter den anderen Hufeisen. »Verloren, verloren!« rufen alle laut im Chor, aber ganz ohne Schadenfreude. Die Fliegenpilze wackeln aufgeregt hin und her. Sie haben nämlich Wetten abgeschlossen, welches Hufeisen am Ende des Spiels der Gesamtgewinner sein wird. »Wer wettet mit?« rufen sie fröhlich. »Wir natürlich!« schreien die Golddukaten und reiben schon siegessicher klimpernd ihre runden Metallkörper aneinander. »Wir auch, wir auch!« wippen bejahend die vierblättrigen Kleeblätter mit den Köpfen. Die Schornsteinfeger sind selbstverständlich auch mit von der Partie.

»Wir machen bei der Wette nicht mit, aber wir helfen euch und würfeln die Sechs aus, damit wir wissen, wer beim Wettkampf beginnen darf«, bestimmen die Würfel. Alle sind einverstanden und wollen endlich mit dem Spiel anfangen. Aber die Schweinchen verzögern den Spielbeginn, da sie den Wetteinsatz nuschelnd diskutieren. Sie können sich nicht und nicht über den Wetteinsatz einigen.

»Ihr seid doch Glücksbringer. Jeder gibt von sich etwas Besonderes und für ihn Typisches her, das dem Sieger Glück bringt.« Philipp erschrickt, als er merkt, daß er ganz unüberlegt in die große Runde gesprochen hat. Er wird rot.

»Eine gute Idee! Schlag vor, was jeder einsetzen soll«, sagen die Schornsteinfeger.

Jetzt kann Philipp nicht mehr zurück, er muß seinen Vorschlag weiter erklären. »Na ja. Der Fliegenpilz schenkt dem Sieger einen Punkt von seinem Hütchen, der Schornsteinfeger gibt die Leiter her, das Hufeisen

setzt den Nagel ein, der Golddukaten ein wenig Goldstaub, das Schweinchen verschenkt ein paar Borsten, und das Kleeblatt spendet eines seiner vier Blätter.«

»Einverstanden. Und du? Was setzt du ein? Du wettest doch sicher mit, oder?« fragen ihn die Schweinchen.

»Ich? Ja, ich möchte schon mitwetten«, sagt Philipp schüchtern. »Aber ich bin doch kein Glücksbringer. Ich habe nichts Wertvolles anzubieten.«

»Uns erscheinen unsere Sachen auch nicht wertvoll, da sie ein Teil von uns sind, an den wir gewöhnt sind und der für uns selbstverständlich ist. Aber wir wissen, daß andere sich darüber freuen, weil es von uns kommt – und das macht die Sachen erst wertvoll. Setz ganz einfach den abgerissenen Knopf ein, den du in deiner Hosentasche mit dir herumträgst. Er wird den Sieger an dich, einen netten, freundlichen Jungen, erinnern. Und somit ist dein Knopf genausoviel wert wie unsere Wetteinsätze«, erklärt der kleine Schornsteinfeger.

Die Glücksbringer versuchen, eine der leeren Versandkisten herbeizuzerren. Philipp hilft ihnen sofort, und mit einem Schub hat er die Kiste in die Mitte der Halle gebracht.

Die Kleeblätter nicken ihm freundlich zu. »Verstehst du, was sie dir damit sagen wollen?« fragt ihn der kleine Schornsteinfeger.

»Mir etwas sagen? Sie sind eben sehr freundliche Wesen, die daher jeder mag. Was hat das mit mir zu tun?« antwortet Philipp ein wenig unsicher.

»Ach!« seufzt der kleine Schornsteinfeger. »Ihr freundliches Zunicken bedeutet: ›Fein, daß wir dich da haben. Danke, daß du sofort zugepackt hast. Du bist uns eine

große Hilfe.‹ Wie die Kleeblätter finden auch wir, daß du ein hilfsbereiter Junge bist.“

Philipp freut sich, daß er schon wieder gelobt worden ist. Nie hätte er gedacht, daß andere an ihm soviel Gutes entdecken könnten.

Alle legen nun ihre Wetteinsätze in die Versandkiste. Die Wetten auf den Sieger werden abgeschlossen. Die Würfel würfeln und würfeln, bis sie mit einer Sechs ausgewürfelt haben, wer beginnen darf. Das erste Hufeisen nimmt zu wenig Schwung, trudelt in der Luft, und nach wenigen Metern kracht es zu Boden.

Ein Fliegenpilz ruft aufgeregt: »Hee! Auf dich hab' ich gewettet! Jetzt habe ich wegen dir einen weißen Punkt von meinem schönen, roten Hütchen verloren!« Aber er meint es nicht böse. Er weiß, daß das Hufeisen sein Bestes gegeben und eben nur Pech gehabt hat – was schließlich jedem mal passieren kann.

Das Spiel verläuft spannend, denn die nächsten beiden Hufeisen liegen ganz knapp nebeneinander mit einem großen Vorsprung. Die nachfolgenden Hufeisen haben es schwer, die beiden zu übertrumpfen. Endlich steht der Sieger fest. Ein Hufeisen hat es doch noch geschafft, einige Zentimeter weiter zu landen. Genau auf dieses hat der kleine Schornsteinfeger getippt und so die vielen Gaben der Glücksbringer gewonnen.

»Jetzt bin ich der am meisten glücksbringende Glücksbringer. Philipp, da ich dein Glücksbringer bin, wird dir nun alles gelingen, was du dir ernsthaft vornimmst, wenn du fest daran glaubst«, freut sich der kleine Schornsteinfeger.

Going! Ein Uhr. Philipp hat gerade noch Zeit, sich von seinen neuen Freunden zu verabschieden, ehe diese wieder still und stumm in den Regalen stehen.

Der kleine Schornsteinfeger nimmt ebenso die starre Gestalt des Anhängers an, aber er bleibt bei Philipp als sein glücksbringender Begleiter.

Am nächsten Morgen bittet Philipp seine Schwester, ihm aus bunten Fäden eine Schnur zu drehen, die er statt einer Kette für den kleinen Schornsteinfeger-Anhänger verwenden kann. Philipp ist überzeugt, daß der kleine Schornsteinfeger noch immer ein wenig seiner Lebenskraft in sich trägt. Denn jede Nacht, wahrscheinlich gerade zwischen zwölf und eins, glaubt Philipp den kleinen Schornsteinfeger zu hören. Er flüstert ihm ins Ohr, auf welche von Philipps Taten er an diesem Tag besonders stolz gewesen ist, was Philipp alles richtig gemacht hat, er nennt ihm all seine guten Eigenschaften, lobt ihn und sagt, warum er sich so freut, daß er das Glück hat, Philipps Glücksbringer sein zu dürfen.

Als Philipp wieder in seiner Klasse ist, erinnert er sich an das Schweinchen, das vierblättrige Kleeblatt und an den Schornsteinfeger, mit denen er gerne nochmals »Alles, was Flügel hat, fliegt« gespielt hätte. Da sieht er Eva, Vanessa und Mirko, die gerade Sammelbilder tauschen. Philipp hat auch einige davon. Ohne viel nachzudenken, geht er auf sie zu und zeigt ihnen seine Bilder, die er nun zum Tausch anbietet.

Was glaubst du, was passiert ist? Die vier sind nach einiger Zeit so unzertrennliche Freunde geworden, daß sie von allen nur noch »das vierblättrige Kleeblatt« genannt werden.

Zeichne oder male, welchen Glücksbringer du dir wünschen würdest und wobei er dir helfen soll.

Der weiße Geist Huh

Hast du Angst vor Geistern? Es gibt Kinder, die fürchten sich vor Geistern, denn sie stellen sich darunter etwas Unheimliches und Gefährliches vor. Glaub mir, es gibt ganz sicher keine unheimlichen und gefährlichen Geister. Es gibt überhaupt keine wirklichen Geister – und schon gar nicht solche, vor denen man sich fürchten müßte. Geister sind entweder nur Märchenfiguren oder Fantasiegebilde. Du kannst sie dir also jederzeit in deiner Vorstellung herbeidenken oder sie auch durch deine Gedanken verscheuchen.

Hier habe ich mir einen Geist ausgedacht, den es eben nur in dieser Geschichte gibt. Ich hoffe, daß dir der Geist Huh gefällt.

Der Geist Huh war der jüngste unter den unzählig vielen Geistern. Er hieß deswegen Huh, weil er noch nie gut gegeistert hatte. Die Geister erhalten nämlich nach jedem erfolgreichen Geistern ein »U« zu ihrem Namen dazu. Man erkennt daher schon daran, wie sie heißen, ob sie tüchtige oder untüchtige Geister sind. Ein besonders erfahrener Geist heißt zum Beispiel: Huhuuuuuuuuuuuuuuh.

Der kleine Geist Huh wollte so schnell wie möglich ein »U« zu seinem Namen gewinnen. Er glaubte, daß ihn dann die anderen Geister mehr beachten würden. Bei so vielen Geistern wird ein kleiner Geist Huh leicht übersehen.

Endlich war es soweit! Huh durfte zum ersten Mal mit den anderen beim Geistern mitmachen. Er war aufgeregt

und voller Ehrgeiz. Er bemühte sich sehr, nur ja die Menschen zu erschrecken. Er wollte unbedingt der Beste sein. Huh strengte sich dabei so an, daß er sich am ganzen Körper verkrampfte. So wie wir Menschen vor lauter Anstrengung rot anlaufen, wurde Huh weiß und immer weißer, bis er nicht mehr durchscheinend war. Er sah nun nicht mehr wie ein echter Geist, sondern wie ein als Geist verkleidetes Kind aus.

Die anderen Geister lachten über ihn, denn vor einem gut sichtbaren Geist kann sich niemand fürchten. Huh schämte sich und fühlte sich als dummer Versager. Je mehr sich Huh schämte, desto schwerer wurde er. Huh wollte davonschweben, um sich zu verstecken, aber mit seinem Körpergewicht gelang es ihm nun nicht mehr, sich vom Boden abzuheben.

»Ein Geist, der immer gut sichtbar ist und der nicht einmal schweben kann, der wird nie richtig geistern können. Du darfst daher nicht mehr bei unserem Geistertreffen mitmachen. Du würdest uns das Geistern verderben«, heulten und jaulten die Geister im Chor.

Unglücklich zog sich Huh zurück. Er dachte, daß er nun jede Möglichkeit verloren hatte, ein »U« zu seinem Namen zu gewinnen. Er wußte nicht, ob er wütend oder traurig darüber sein sollte. Er verkroch sich schmollend hinter dem großen Sofa, das sich in dem Schloßgemach befand, wo die Geister diese Nacht geistern wollten.

»Huhuuuuu, Huhuuuuuuuhuuuuuuh«, heulten die Geister ihre Namen durch das Schloß. Huh sah, wie sich besonders die jungen Geister bemühten, gut zu jaulen und zu stöhnen. Aber sie hatten auch Spaß dabei, sodaß sie sich nicht aus lauter Ehrgeiz verkrampften. Sie blieben daher leicht und durchscheinend, eben richtige Geister.

Huh wurde eifersüchtig und wollte gar nicht wissen, wer diese Nacht ein »U« dazugewinnen würde. Er schloß die Augen, um die Sieger nicht sehen zu müssen, und schlief bald darauf ein.

Plötzlich erwachte Huh durch ein Gepoltere und Geschrei. ». . . achtzig . . . neunzig . . . hundert! Ich komme!« rief eine Stimme. Die große schwere Eichentür des Schloßgemaches wurde mühsam aufgemacht, und im Sonnenlicht, das durch den anderen Raum hereinschien, sah Huh ein Mädchen mit fröhlichem Gesicht.

»Wo habt ihr euch versteckt? Freut euch nicht zu früh, ich werde euch sicher gleich finden. Hinter dem Vorhang? Nein. Im Kasten? Auch nicht. Unter der Bettdekke? Wieder nichts. Ah, jetzt hab' ich einen von euch gefunden. Ein dummes Versteck, sich unter ein Leintuch zu verkriechen und hinter dem Sofa zu kauern. Du hast verloren, verloren! Ich habe dich entdeckt!«

Das Mädchen stürmte zu Huh und wollte das vermeintliche Leintuch wegziehen.

»Au! Zwick mich nicht! Du tust mir weh«, jaulte Huh auf.

»Stell dich nicht so an, Niki, ich weiß doch, daß du das bist«, lachte das Mädchen und zupfte wieder an Huh.

Huh fuhr sie wütend an: »Hast du denn noch immer nicht verstanden, daß ich kein Mensch mit Leintuch, sondern ein Geist bin?!«

Das Mädchen schüttelte zweifelnd den Kopf. »Ein Geist?! Aber dich kann ich doch anfassen und gut sehen. Einen richtigen Geist könnte ich nicht berühren.«

Huh wurde darüber sehr zornig. »Aber ich bin ein Geist, ich bin ein Geist! Du solltest dich vor mir fürchten.«

»Fürchten? Wieso denn? Es gibt keine bösen Geister. Es gibt nur gute Schutzgeister oder solche, die aus Spaß jemanden erschrecken wollen. Außerdem kann ein schwebender, durchscheinender Geist sowieso niemanden etwas anhaben.«

»Hah! Ich bin aber weder schwebend noch durchscheinend, ich bin schwer und weiß. Da könntest du dich also doch vor mir fürchten oder wenigstens ein bißchen erschrecken«, hoffte Huh, der seinen neuen Geisterzustand noch gar nicht von dieser Seite betrachtet hatte.

»Bei mir hast du Pecht. Ich habe vor gar keinem Geist Angst. Sei doch froh, so können wir Freunde werden. Ehrlich gesagt, ich finde das eher dumm und gar nicht lustig, jemanden zum Fürchten zu bringen. Es gibt viel bessere Spiele, als andere zu erschrecken. Es ist gut, daß du nicht mehr ein ganz und gar richtiger Geist bist, so kannst du mit uns spielen. Komm hinter dem Sofa hervor, und hilf mir die anderen zu finden«, forderte ihn das Mädchen auf.

Als Geist hatte Huh bestens gelernt, sich zu verstecken. Es gab daher kein einziges Versteck im Schloß, das Huh nicht kannte. Das Mädchen fand mit Huhs Hilfe sofort einen nach dem anderen: zuerst Niki, dann Thomas und zuletzt Bettina.

»Ich habe gewonnen! Ich habe euch am schnellsten gefunden! Ich bin Sieger!« rief das Mädchen ganz stolz.

Die Kinder wehrten sich dagegen: »Das gilt nicht! Du bist nicht der Sieger, denn du hast die Spielregeln nicht eingehalten. Du hast uns nicht allein gesucht. Das ist unfair!«

»Na und? Gewonnen ist gewonnen!« gab das Mädchen schnippisch zur Antwort.

»Nichts da!« protestierte Bettina. »Niki ist unser Sieger. Er hat zwar beim Suchen ein bißchen länger gebraucht als Du, aber er hat keinen Helfer gehabt. Wer ist denn eigentlich dein als Geist verkleideter Freund?«

»Ja, das wollen wir auch wissen!« riefen Niki und Thomas. »Er soll seine Verkleidung ablegen, damit wir sehen, wer er ist.«

Das Mädchen war jetzt aber beleidigt, weil sie die anderen nicht als Sieger anerkannt hatten. »Das geht euch gar nichts an. Ihr braucht nicht zu wissen, wer mein Freund ist. Wenn ihr mich nicht gewinnen laßt, dann möchte ich ohnehin nicht mehr mit euch spielen. Komm, Huh, wir gehen.«

Huh flüsterte dem Mädchen zu: »Sei kein Spielverderber! Warum bist du beleidigt, wenn du nicht gewonnen hast? Es stimmt, daß ich dir geholfen habe. Ohne mich hättest du viel länger suchen müssen. Es ist doch nur ein Spiel! Warum ist es so wichtig, ob du gewinnst oder nicht?«

»Das verstehst du nicht. Es ist sehr wichtig, zu gewinnen, denn der Verlierer ist der Dumme«, belehrte ihn das Mädchen.

»Unsinn! Ist Niki nur deshalb mehr wert, weil Bettina meint, er ist der Sieger? Die anderen halten sicher von dir genausoviel, ob du nun gewinnst oder verlierst. Bei mir hingegen ist das ganz etwas anderes. Ich darf nicht verlieren. Ich muß gut geistern können, damit ich nicht ewig ein kleiner, unbedeutender Huh bleibe.« Huh erzählte nun dem Mädchen seine ganze Geschichte.

Jetzt verstand das Mädchen, warum Huh nicht schwebend und durchscheinend war. »Deshalb bist du also kein richtiger Geist mehr! Das muß sehr schlimm für dich sein.«

»Ja, sehr«, sagte Huh traurig. »Ich fühle mich als Versager.«

»Du bist doch kein Versager! Denk daran, wie geschickt du mir beim Suchen geholfen hast. Du bist sehr tüchtig«, lobte ihn das Mädchen und fügte hinzu: »Ohne dich hätte ich die anderen nicht so schnell finden können. Das sehe ich jetzt ein.«

»Pah«, wehrte Huh verlegen das Lob ab und wurde noch weißer im Gesicht. »Wetten wir, daß du auch ohne meine Hilfe gut im Suchen bist? Spielen wir beide Verstecken. Ich verstecke mich, und du suchst mich.«

Das Mädchen war sofort damit einverstanden. Es hielt sich die Augen zu und begann langsam zu zählen.

Huh wollte seiner Freundin helfen und suchte daher ein gut verborgenes, aber nicht allzu gut verborgenes Versteck aus. Er war überzeugt, daß ihn das Mädchen bald finden würde, wenn sie sich ein wenig bemühte – und das würde sie ja sicher tun. Huh hoffte, ihr dadurch beweisen zu können, daß sie keine Versagerin war, obwohl sie gegen Niki verloren hatte.

Huh versteckte sich in der Veranda hinter den dicken Samtvorhängen. Da rief auch schon das Mädchen »hundert« und begann mit dem Suchen.

Huh hörte Schritte. Er dachte, es sei das Mädchen, und bewegte ein wenig den Vorhang, damit es erraten könne, daß er sich dahinter versteckt hatte. Plötzlich schrie jemand auf und rannte davon. Es war Niki, der fürchterlich erschrocken war, als sich der Vorhang unheimlich hin- und herbewegte.

Huh hoffte, daß Nikis Schrei ihn nicht verraten und somit das Spiel beendet hatte. Das Mädchen sollte ihn ohne die Hilfe der anderen finden. Aber es sollte auch

nicht zu lange suchen müssen, deswegen wollte Huh sich ein ganz klein wenig bemerkbar machen. Da Huh nicht sicher war, ob Niki über sein Erlebnis sprechen würde, versteckte er sich schnell in der großen Truhe. Er bewegte den schweren Deckel auf und ab, auf und ab, auf und ab. Dann machte er eine kurze Pause, um zu verschnaufen. Es war ihm, als ob er wieder Schritte gehört hätte, und er stemmte sich schnell gegen den Deckel, um ihn zu bewegen. Er mußte sich ziemlich plagen, bis er endlich den Deckel ein wenig hochheben konnte. Plumps! Au! Auweh! Jemand war von der Kiste gefallen. Als Huh nachsehen wollte, wer der Unglücksrabe war, war dieser schon vor Schreck aus dem Verandazimmer geflüchtet.

Huh sprang aus der Kiste heraus. Es fiel ihm dabei gar nicht auf, daß er viel, viel leichter geworden war. Er dachte nur an das Mädchen und wie er es anstellen sollte, daß sie ihn finden, aber nicht zu leicht finden konnte. Viel Zeit blieb ihm nicht, um weiter darüber nachzugrübeln. Er hörte, wie das Mädchen sich dem Verandazimmer näherte. Er sprang flink in die große Bodenvase. Auch diesmal fiel ihm nicht auf, wie leicht, ja fast schwebend, er in die Vase gelangte. Er beachtete auch nicht, daß es erstaunlich war, daß er überhaupt in die Vase hineinpaßte.

»Huh, wo bist du?! Wo hast du dich versteckt? Gleich werde ich dich finden, gleich hab', ich dich«, rief das Mädchen vergnügt und schaute hinter den Vorhang, in die Kiste, unter den Tisch. Sie suchte all die Plätze ab, wo sich ein Kind verbergen konnte.

Huh freute sich, daß das Mädchen endlich so nahe an sein Versteck herangekommen war. Er wollte mit der Vase wackeln, aber es gelang ihm nicht.

»Huh, wo bist du?! Ich kann dich nirgendwo finden. Im Verandazimmer bis du sicher nicht, denn hier hab' ich schon überall nachgeschaut.« Das Mädchen wollte bereits das Zimmer verlassen.

Huh raunte schnell dem Mädchen seinen Namen zu: »Huhuuuh, Huhuuuh«, klang es hohl aus der Vase.

»Hilfe! Hier spukt es!« rief das Mädchen erschrocken. Aber da es sich nicht vor Geistern fürchtete, faßte es gleich wieder Mut und sah in der Vase nach, aus der die unheimlichen Rufe gekommen waren. Doch in der Vase erblickte sie nur eine Art Nebel.

»Endlich!« rief es aus der Vase. »Endlich hast du mich entdeckt.« Huh schwebte aus der Vase und verstand nicht, warum ihn das Mädchen so anstarrte.

»Ddd-du bist Huh?!« stammelte das Mädchen.

»Natürlich bin ich Huhuuuh. Wer sonst?!«

»Aber du bist nicht mehr wie ein als Geist verkleidetes Kind. Du bist ein Geist!«

»Das hab' ich dir doch schon von Anfang an gesagt. Ich bin nur weiß geworden, weil . . .« Jetzt erst bemerkte Huhuuuh, daß er wieder seinen richtigen Geisterzustand hatte. »Ah, jetzt verstehe ich!« rief er freudig aus. »Während ich nur an dich und unser Versteckenspiel gedacht habe, ist mir das Geistern bestens gelungen. Das bedeutet, daß ich ohnehin schon immer gut geistern hätte können. Aber weil ich so verbissen ehrgeizig war und unbedingt der Beste sein wollte, war ich nicht locker und verpatzte mir das Geistern. Ich dachte nur daran, wie wichtig für mich ein langer Huhuuuh-Name ist . . .«

Das Mädchen unterbrach ihn: »Fällt dir nicht auf, daß du gar nicht mehr Huh heißt? Du hast gleich drei ›U‹ dazugewonnen. Eines, weil du Niki erschreckt hast, das andere wegen Thomas und das dritte wegen mir. Na ja,

das dritte ›U‹ sollte nur ein ganz kleines ›U‹ sein, denn ich bin nur für einen kurzen Augenblick erschrocken.«

Huhuuuh jaulte vor Freude. »Wir haben beide bewiesen, daß wir keine Versager sind – auch dann nicht, wenn wir ab und zu, mal hier, mal da, verlieren. Dir hat das Versteckenspiel Spaß gemacht, du hast dich bemüht, mich zu finden. Aber ob du nun dabei die Schnellste gewesen bist oder nicht, das ist doch gar nicht so wichtig gewesen, nicht wahr? Wir wissen, daß du ein sehr nettes Mädchen und bei vielen anderen Sachen tüchtig bis. Nur darauf kommt es an.«

Das Mädchen nickte zustimmend. »Du hast recht«, sagte sie. »Aber auch du hast etwas Wichtiges erfahren. Vor lauter Ehrgeiz hast du dich verkrampft. Du bist wie ein schlechter Autofahrer gewesen, der den guten Motor seines Autos nicht nützen kann, weil er zuviel Gas gibt, aber dabei fest die Handbremse anzieht. Bei solch einer Behandlung kann der Motor natürlich nicht seine ganze Kraft zeigen.«

»Ich werde ab nun immer an meinen starken Motor denken und mir vorsagen: Handbremse loslassen, locker sein! Ich weiß ohnehin, daß ich mit voller Kraft vorankommen kann«, sagte Huhuuuh.

»Ja, tu das. Ich sage mir auch einen Spruch vor, damit ich nicht die Freude am Spiel verliere, weil ich nur ans Gewinnen denke. Ich sage mir vor:

Wenn ich siege, freut mich das.
Mitzuspiel'n macht noch mehr Spaß.
Weiß, daß ich sehr tüchtig bin,
auch wenn ich mal nicht gewinn.«

»Du kannst aber schön dichten!« lobte Huhuuuh das Mädchen. »Ich gehe jetzt wieder zu den Geistern. Soll ich

dir etwas gestehen? Ich finde das Erschrecken der Menschen auch nicht mehr so lustig. Ich werde mit den Geistern reden und sie bitten, daß sie ab nun den Menschen helfen sollen, statt sie zu erschrecken. Ich möchte, daß wir eure Schutzgeister werden. So, jetzt muß ich mich aber von dir verabschieden. Leider kannst du mich ab nun nur mehr im Dunkeln sehen. Da ich wieder durchscheinend bin, bleibe ich bei Tageslicht unsichtbar.«

»Macht nichts«, sagte das Mädchen. »Wichtig ist nur, daß wir Freunde bleiben.«

Huhuuuh winkte dem Mädchen zu, und mit einem freudigen Huhuuuh-Gejaule schwebte er davon.

Zeichne oder male, was dir zu »gewinnen« und »verlieren« einfällt. Womit kannst du dich trösten, wenn du einmal verlierst? Was macht dir Freude an einem Spiel?

Wir spielen Mutter-Vater-Kind

Julia ist acht Jahre alt. Sie hat einen um zwei Jahre jüngeren Bruder und eine um zwei Jahre jüngere Schwester, die einander fast wie ein Ei dem anderen gleichen. Martin und Maria sind nämlich Zwillinge. Beide haben kurzgeschnittene blonde Haare, sie haben die gleiche Stupsnase, sie tragen die gleichen Hosen, beide sind gleich groß, und beide sind gleich aufgeweckte Kinder. Wer sie nicht gut kennt, der verwechselt daher oft Maria mit Martin und Martin mit Maria. Das ärgert besonders Martin. »Ich bin ein Junge und kein Mädchen! Das muß man doch merken«, meint er beleidigt. Manche erkennen den Unterschied erst, wenn sie die beiden Kinder nackt sehen.

Maria und Martin verstehen einander gut und spielen oft miteinander. Streit gibt es nur, wenn Martin sich wichtig macht. Er glaubt nämlich, der ältere zu sein, weil er einige Minuten früher als Maria aus dem Bauch der Mutter gekommen ist.

Besonders vor seinem Freund Klaus behauptet er steif und fest, der ältere zu sein. Klaus geht mit Julia in dieselbe Klasse, und Martin ist stolz, daß so ein großer Junge sein bester Freund ist. Auch wenn Martin noch mit Maria in den Kindergarten gehen muß, so möchte er wenigstens seinem Freund beweisen, daß er fast schon so gescheit wie seine ältere Schwester Julia und bereits viel vernünftiger als Maria ist.

Das stört Maria natürlich, und sie spielt daher lieber ohne ihren Zwillingsbruder. Am liebsten spielt Maria mit ihrer großen Schwester Schule. Es gefällt ihr, wenn ihr

Julia als Frau Lehrerin Buchstaben an die Tafel malt, die sie dann nachzeichnet. Aber fast ebensogern spielt sie Mutter-Vater-Kind.

Heute ist Martin wieder einmal Klaus besuchen gegangen. Maria nützt die Gelegenheit und fragt Julia: »Spielen wir Schule?« »Nein, ich habe keine Lust dazu. Spielen wir lieber Mutter-Vater-Kind«, meint Julia.

Maria: »Na gut, wenn ich die Mutter sein darf.«

Julia ist einverstanden und holt gleich ihre Kinderschar hervor. Die Susi-Puppe, die Baby-Puppe, die richtig weinen und sogar die Windeln naß machen kann, die Zwillingspuppen, von denen – wie bei Maria und Martin – eine ein Mädchen und die andere ein Junge ist, dann das Katzenkind Schnurrli, den weiß-schwarz-gefleckten kleinen Hund Dalmi und den Teddy Fossi-Bär.

»Halt, nicht so viele! Ich will nur die Baby-Puppe als Kind haben«, wehrt Maria ab.

»Einverstanden«, gibt Julia nach, »meinetwegen haben wir einstweilen nur ein Kind. Aber dann spielen wir, daß du noch mehr Kinder bekommst.«

»Ja, das machen wir. Das haben wir noch nie gespielt. Aber jetzt muß ich mich zuerst um das Baby kümmern. Es schreit. Wahrscheinlich hat es Hunger. Ich füttere es gleich mit Spinat. Wo ist dein Puppengeschirr?« fragt Maria.

Julia schüttelt den Kopf: »Du bist dumm, Babys trinken doch nur von der Brust.«

»Gar nicht wahr!« ärgert sich Maria. »Natürlich essen Babys Spinat, und sie trinken aus dem Fläschchen.«

Julia weiß es aber besser: »Ich hab' gesehen, wie das Baby von unserer Nachbarin von der Brust getrunken, also wie es die Nachbarin gestillt hat.«

»Meinetwegen.« Maria drückt die Babypuppe an ihre Brust. »Aber nachher bekommt sie Spinat«, sagt sie trotzig.

»Möchtest du das Baby füttern?« fragt Maria Julia.

»Ich bin doch der Vater. Ein Vater kann das Baby nicht von seiner Brust trinken lassen, er kann es nicht stillen. Seine Brust ist ganz flach, und da kommt auch keine Milch heraus«, wehrt Julia ab.

»Aber du sollst doch dem Baby nur Spinat geben«, erklärt Maria.

»Ist das ein Junge oder ein Mädchen?« ruft plötzlich Klaus dazwischen, der gerade mit Martin ins Zimmer gekommen ist.

»Das geht euch gar nichts an. Mischt euch nicht ein«, erwidert Julia wütend.

»Die Baby-Puppe gehört mir, und ich bestimme, daß es ein Junge ist«, schreit Martin.

»Es ist ein Mädchen«, sagt Maria schnell.

»Ein Mädchen? Wieso weißt du das?!« fragt Klaus schnippisch.

»Na weil es eben ein Mädchen ist«, sagt Julia bestimmt.

»Da schau' ich gleich nach, ob ihr recht habt«, schreit Klaus und reißt Maria die Baby-Puppe aus der Hand.

»Gib mir sofort mein Kind zurück!« kreischt Maria.

»Erst, wenn ich weiß, ob es ein Junge oder ein Mädchen ist«, neckt Klaus Maria und will der Baby-Puppe das Strampelhöschen herunterziehen.

Julia stürzt sich auf Klaus, der aber hält die Puppe hoch und wirft sie Martin zu.

»Ihr seid gemein!« schreit Maria voller Zorn.

Da geht plötzlich die Türe auf, und die Mutter von Julia und den Zwillingen kommt herein: »Warum macht ihr so ein Geschrei?! Könnt ihr nicht friedlich miteinander spielen?«

»Die beiden Jungen lassen uns nicht in Ruhe. Klaus hat Maria die Puppe aus der Hand gerissen«, beschwert sich Julia.

»Wir wollen doch nur den Popo der Puppe anschauen, um zu sehen, ob es ein Junge oder ein Mädchen ist«, verteidigt Martin seinen Freund.

»Das Baby ist ein Mädchen«, beharrt Maria trotzig.

»Das kannst du doch nur wissen, wenn du den Popo anschaust. Sonst sehen sich Jungen und Mädchen ganz ähnlich«, behauptet Martin, der schon oft mit seiner Zwillingsschwester verwechselt worden ist.

»Gar nicht wahr!« ruft Maria. »Mädchen sind ganz anders als Jungen.«

»Ihr habt beide recht«, lenkt die Mutter ein, »als ganz kleine Babys schauen alle Kinder gleich aus. Nur wenn sie nackt sind, dann kann man feststellen, daß Jungen und Mädchen verschieden sind. Ein Junge . . .«

»Der Junge hat ein Schwänzchen«, fällt Martin der Mutter ins Wort.

»Schwänzchen sagen doch nur die kleinen Kinder«, behauptet Klaus und lacht Martin aus. »Das nennt man Glied.«

»Ja, Klaus, Glied ist richtig. Aber man kann auch Penis sagen«, erklärt die Mutter. »Weiß du auch, wie man das bei den Mädchen nennt?«

»Natürlich«, sagt Klaus stolz. »Scheide.«

»Richtig, Klaus. So, und jetzt schau nach, ob die Puppe ein Junge oder ein Mädchen ist«, fordert ihn die Mutter auf.

Klaus zieht neugierig die Strampelhose der Baby-Puppe herunter. »Sie hat ja gar nichts!« ruft Klaus enttäuscht.

»Oh doch. Schau genau hin. Sie hat eine kleine Kerbe vorne zwischen den Beinen. Das sieht aus wie eine Spalte. Übrigens, man kann zur Scheide auch Spalte sagen«, ergänzt die Mutter. »Maria hat also recht, es ist ein Mädchen. So, jetzt spielt aber friedlich weiter.«

»Hast du auch eine Spalte, Mama?« will Maria wissen.

Die Mutter bejaht es: »Natürlich, du hast mich doch schon öfter im Bad nackt gesehen.«

»Ich habe aber keine Spalte zwischen deinen Beinen entdeckt«, wundert sich Maria.

»Kannst du auch gar nicht!« mischt sich Julia ein. »Die Scheide ist bei Frauen ganz mit kringeligen Haaren bedeckt. Das weißt du doch.«

Da schaut plötzlich der Vater bei der Tür herein. Martin benützt die Gelegenheit, um seine Zwillingsschwester zu belehren: »Papa hat auch unten um den Penis Haare.«

»Na und? Glaubst du, das weiß ich nicht?« erwidert Maria und hat auch schon das Interesse an dem Gespräch verloren. Sie geht wieder zu ihren Puppen, und Julia schließt sich ihr an.

Am nächsten Morgen, als die Zwillinge im Kindergarten eintreffen, macht die Tante ein ganz ernstes Gesicht. »Setzt euch alle hin, ich muß euch etwas mitteilen.«

Die Kinder sind gespannt, was die Tante ihnen wohl so Wichtiges zu sagen hat, und sind mucksmäuschenstill.

»Ihr bekommt eine neue Tante. Ich muß ab nächste Woche zu Hause bleiben. Ich bekomme ein Kind«, erklärt die Tante.

»Aber wieso bleibst du weg? Du kannst doch dein Kind zu uns mitnehmen«, ruft Maria.

Da meldet sich Martin: »Du mußt ins Krankenhaus gehen. Dort operiert man dir dein Kind aus dem Bauch heraus. Und dann bleibst du zu Hause, weil du das Baby immer wieder wickeln und ihm zu trinken geben mußt. Nicht wahr?«

»Martin, es passiert nur sehr selten, daß das Baby aus dem Bauch herausoperiert wird. Bei den meisten Frauen kommt das Baby auf normalem Weg auf die Welt«, meint die Tante.

»Was ist der normale Weg?« Martin will es ganz genau erfahren.

Die Tante erklärt: „Das Baby wächst neun Monate lang im Bauch der Mutter. Daher wird auch der Bauch von Monat zu Monat größer, bis er so groß wie meiner ist. Das Baby braucht ja Platz, damit es sich im Bauch bewegen kann. Wer von euch weiß, wie das heißt, wenn die Mutter das Kind im Bauch trägt?«

»Die Frau ist schwanger«, antwortet Maria sofort.

»Sehr gut, Maria«, lobt die Tante und erzählt weiter: »Wenn das Baby genug im Bauch gewachsen ist, dann drängt es heraus. Die Öffnung, aus der es zur Welt gebracht wird, ist in der Scheide der Mutter. Wißt ihr, was die Scheide ist?«

Martin und Maria nicken eifrig und rufen: »Die Scheide haben Mädchen und Frauen vorne zwischen den Beinen.«

Martin nützt die Gelegenheit, um wieder zu betonen, daß er ein richtiger Junge ist. »Maria und ich sehen uns zwar ganz ähnlich. Aber der große Unterschied zwischen uns ist, daß ich ein Junge bin. Denn dort, wo Julia ihre

Spalte, also die Scheide hat, habe ich ein Schwänzchen, den Penis.«

»Das ist richtig«, bestätigt die Tante. »Der Arzt oder die Hebamme, so nennt man die Geburtshelferin, ziehen das Baby aus der Scheide der Mutter heraus. Das ist für die Mutter ein bißchen anstrengend, daher ruht sie sich einige Tage nach der Geburt im Bett aus.«

Jetzt meldet sich wieder Maria. »Dann nimmt die Mutter das Kind zur Brust und stillt es.«

»Ja, Maria. Wenn die Mutter ein Kind zur Welt bringt, dann ist ihre Brust größer geworden, denn sie hat nun Milch darin. Die Milch saugt das Neugeborene aus den Brustwarzen. Die Muttermilch ist sehr gesund, sie macht das Baby kräftig«, berichtet die Tante. »Nach einigen Wochen gibt man dem Baby Zusatznahrung im Fläschchen, und ab dem dritten Monat kann man schon beginnen, ihm Gemüse- und Grießbrei zu füttern.«

Jetzt freut sich Maria: »Ich habe auch recht gehabt. Es stimmt, daß das Baby Spinat ißt.«

Das Gespräch erinnert Martin an das Spiel seiner Schwester. Er wispert Maria zu: »Ich möchte heute mit euch Vater-Mutter-Kind spielen. Wir machen es so, daß du immer wieder schwanger wirst. Einverstanden?«

»Was habt ihr beide da zu flüstern?« fragt die Tante Maria und Martin.

»Wir finden Kinderkriegen schön und wollen es zu Hause spielen«, antwortet Maria.

Da lacht die Tante: »Ich finde es auch schön. Deshalb freue ich mich schon sehr auf mein Baby. Es tut mir nur leid, daß ich mich von euch verabschieden muß.«

»Uns auch«, sagen die Kinder betrübt. Als aber die Tante eine kleine Abschiedsfeier mit Kuchen und heißer Schokolade veranstaltet, sind sie bald wieder fröhlich.

Die Lehrerin von Julia und Klaus hat heute zwei große Bilder von einem nackten Mann und einer nackten Frau an die Tafel gehängt. Vieles davon ist Julia und Klaus schon aus dem Gespräch mit Julias Eltern bekannt, aber doch nicht alles so genau. Sie hören gespannt zu, was die Lehrerin erklärt:

»Die Haare auf der Scheide und auf dem Glied nennt man Schambehaarung, den Beutel unter dem Glied Hodensack, in dem die Hoden wie zwei Kugeln liegen. In den Hoden sind viele, viele winzige Samenzellen, wie ihr hier auf dem Bild seht.«

»Samen?« fragt Julia. »Samen, wie bei den Blumen und Bäumen?«

»Na ja, fast so. Auch sie dienen der Fortplanzung.«

»Was bedeutet das?« möchte Julia wissen.

»Es entsteht neues Leben.«

»In den Hoden? Das Kind wächst doch im Bauch der Mutter!« meint Julia.

»Natürlich im Bauch der Mutter – oder besser gesagt in der Gebärmutter. So nennt man den Raum im Bauch, zu dem man durch die Scheide gelangt«, erklärt die Lehrerin.

»Aber was hat das mit den Hoden und den Samen zu tun?« wundert sich Julia.

Da weiß Klaus schon besser Bescheid. »Der Samen kommt aus dem Penis heraus. Wenn sich Mann und Frau im Bett nackt umarmen, dann schwimmt der Samen in die Scheide der Frau. Das hat mir mein Vater gesagt.«

»Stimmt«, sagt die Lehrerin. »Die Samenzellen gelangen dabei vom Penis in die Gebärmutter. Links und rechts von der Gebärmutter liegen die Eierstöcke mit den Eizellen. Seht auf die Tafel, das ist die Gebärmutter mit den Eierstöcken. Und so schaut eine Eizelle aus. Ein Teil

der Samenzellen sind Samen für Mädchen und ein Teil für Jungen. Alle Samen schwimmen zur Eizelle, aber nur die schnellste . . .«

»Ist Sieger!« ruft Klaus.

»Ja. So kann man auch sagen«, lächelt die Lehrerin. »Also der ›Sieger-Samen‹ bohrt sich durch die Wand der Eizelle und verschmilzt mir ihr. Ob nun ein Junge-Samen oder Mädchen-Samen Sieger wird, ist reiner Zufall. Das mit dem Samen verschmolzene Ei bildet eine neue Zelle, die in der Gebärmutter zu wachsen beginnt. Es entsteht ein neuer Mensch. Hier seht, das kleine Lebewesen mit dem übergroßen Kopf nennt man Fetus.«

»Puh, das ist aber häßlich!« ruft Klaus.

»Da, beim nächsten Bild, wo es schon ein bißchen mehr gewachsen ist, sieht es schon hübscher aus, nicht wahr?«

»Bekommen Erwachsene jedesmal, wenn sie miteinander schlafen, ein Kind?« will Klaus wissen.

»Nein, es gibt Verhütungsmittel. Aber auch um die Zeit der Periode – oder auch Regel genannt – kann die Frau normalerweise nicht schwanger werden.«

»Warum? Was ist die Regel?« erkundigt sich Klaus.

»Da blutet die Frau einige Tage aus der Scheide«, antwortet sogleich Julia.

»Ja. Sie stößt mit dem Blut ein winzig kleines Ei ab, das von keinem Samen befruchtet worden ist«, ergänzt die Lehrerin.

»Tut das weh?« interessiert sich Klaus.

»An und für sich nicht. Aber einige Frauen fühlen sich dabei nicht wohl, sie haben Krämpfe im Bauch.«

Jetzt reichen Klaus die Erklärungen, und er platzt heraus: »Nicht wahr, Frau Lehrerin, Männer haben mehr Muskeln als Frauen?!«

Die Lehrerin lacht: »Mehr nicht, aber oft stärkere.«

Und schon läutet die Schulglocke.

Zu Hause angelangt, spielen Maria, Martin und Julia Kinderkriegen. »Ich möchte diesmal einen Jungen bekommen«, sagt Maria.

Julia gibt ihr von ihren Zwillingspuppen den Jungen.

Maria steckt die Puppe unter ihren Pullover und läßt sie herausrutschen. »Jetzt ist er geboren«, ruft sie erfreut.

»Das gilt nicht«, meint Julia. »Ich bin die Hebamme und Martin der Arzt. Einer von uns hätte dir bei der Geburt helfen müssen.«

»Nein, das mag ich nicht«, wehrt Maria ab.

»Dann wollen wir auch nicht das Spiel mit dir spielen«, schmollt Julia.

»Mir genügen ohnehin die zwei Kinder. Ich brauch' das gar nicht weiterspielen«, sagt Maria beleidigt und zieht sich mit der Baby-Puppe und dem Zwillingspuppenjungen zurück. Maria plappert vor sich hin: »Der Zwillingsjunge spielt mit seinem Schwänzchen, und das Baby reitet auf dem Hund Dalmi. Das tun sie gern. Das ist angenehm und kitzelt so schön.«

»Hör sofort mit dem blöden Spiel auf!« rufen Julia und Martin aus der anderen Ecke zu Maria hinüber. »Man darf nicht mit dem Penis und der Scheide spielen.«

»Darf man schon!« trotzt Maria.

»Darf man nicht!« entgegnen Martin und Julia.

»Darf man schon! Darf man schon! Darf man schon!« schreit Maria wütend.

Und wieder muß die Mutter eingreifen: »Es ist angenehm und sicher nichts Schlechtes daran, den Penis oder die Scheide zu berühren. Sie gehören genauso zum Körper wie zum Beispiel die Nase. Aber es ist nicht appetit-

lich, am Popo, am Penis oder der Scheide herumzuspielen – noch dazu, wo ihr euch ohnehin so ungern die Hände wascht. Ihr sollt auch nicht unbedingt in der Nase bohren. Außerdem sind der Penis und die Scheide empfindlich, daher ist es besser, wenn ihr euch andere Spiele ausdenkt. So, nun vertragt euch wieder.«

»Na gut«, meinen die Kinder. Julia schlägt vor, lieber Schule zu spielen. Maria und Martin sind einverstanden. Und so ist es noch ein lustiger Abend geworden.

Zeichne oder male deine Familie.

Die Zauberbrille

Anna kauert in ihrem Zimmer und hält sich die Ohren zu. Papa und Mama streiten schon wieder. Es ist furchtbar für Anna, wenn sich ihre Eltern nicht vertragen, sie fühlt sich dabei ganz unsicher und bekommt Angst. Manchmal glaubt Anna, daß sie Schuld am Streit der Eltern habe, manchmal befürchtet sie, daß Papa und Mama einander nie wieder lieb haben könnten, manchmal tut ihr Mama leid, und sie fürchtet sich vor der lauten Stimme ihres Vaters.

In solchen häßlichen Situationen ist Anna jedesmal verzagt, sie fühlt sich allein gelassen und völlig einsam.

Wenn der Streit endlich vorbei ist, geht es Anna auch nicht viel besser, denn noch immer sind die Eltern aufeinander böse. Mama ist gekränkt, und Papa zieht sich beleidigt zurück oder verläßt wütend das Haus. Anna ärgert sich über ihren Vater und möchte die Mutter trösten. Sie bemüht sich, besonders brav zu sein und ihrer Mutter zu zeigen, wie lieb sie sie hat. Doch Mama ist sehr ernst und verschlossen. Wenn die Mutter traurig ist, nimmt sie von Anna kaum Notiz.

Nach einer endlos langen Zeit spricht endlich die Mutter mit Anna und erklärt ihr, daß Eltern eben ab und zu anderer Meinung seien. Sie verstehen einander falsch und beginnen zu streiten. Sie erinnert Anna an ihre beste Freundin, mit der Anna auch manchmal streitet und auf die sie dann einige Tage böse ist. Dennoch versöhnen sie sich wieder und bleiben die besten Freundinnen.

Anna versteht, was Mama ihr damit sagen möchte, aber trotzdem tröstet sie das kaum. Für sie ist es doch etwas anderes, wenn sie mit ihrer Freundin streitet. Wenn sie erleben muß, daß die Eltern böse aufeinander sind, dann tut ihr das sehr, sehr weh. Außerdem bekommt sie jedesmal Angst, daß dies für immer so bleiben könnte und daß Papa vielleicht einmal doch nicht mehr zurückkommt, wenn er wütend aus dem Haus stürmt.

Heute ist ein besonders schlechter Tag, denn kaum ist Papa wieder nach Hause gekommen, stolpert er über die Schuhe im Vorzimmer und schimpft über die Unordnung. Ein Wort gibt das andere – und schon ist erneut der Streit entflammt.

Wieder flüchtet Anna in ihr Zimmer und hält sich die Ohren zu. Sie kneift diesmal auch die Augen zu, sie will nichts mehr hören und sehen, sie will gar nicht mehr da sein, sich am liebsten verstecken.

Annas Augen beginnen zu schmerzen, und sie macht sie blinzelnd auf. Da entdeckt sie eine alte Sonnenbrille, die ihr die Eltern im letzten Urlaub gekauft haben, als sie in den Ferien am Meer waren. Damals hatten sie viel Spaß miteinander, Papa und Mama waren sehr lieb zueinander, und Anna fühlte sich so richtig wohl. Die Erinnerung daran macht Anna traurig, und sie denkt, wie schön es wäre, wenn die Eltern einander noch immer so lieb hätten wie damals. Seufzend nimmt sie die Sonnenbrille und setzt sie auf, um den Augen ein bißchen Ruhe zu gönnen.

Plötzlich erscheint alles durch das warme, gedämpfte Licht angenehm verändert. Es kommt Anna vor, als wäre der Raum durch die Sonnenbrille verzaubert. Sie fühlt sich sofort viel ruhiger und sicherer.

Da ruft Mama mit gereizter Stimme, daß Anna kommen solle, um den Tisch zu decken. Anna behält die Sonnenbrille auf und schleicht ein bißchen verzagt in die Küche.

Nun geschieht etwas ganz Seltsames. Anna hört zwar nach wie vor den teils unfreundlichen, teils gekränkten Ton in Mamas Stimme, aber statt des ernsten, verschlossenen Gesichtes sieht Anna durch die Sonnenbrille einen warmherzigen, liebevollen Ausdruck auf Mamas Gesicht. Ihre Augen scheinen Anna sanft zu verkünden: »Ich weiß, wie weh es dir tut, wenn Papa und ich böse aufeinander sind, wie allein und unsicher du dich dabei fühlst. Es tut mir so leid, daß du wegen uns traurig sein mußt. Nächstes Mal denken wir ganz einfach nur an dich und daran, wie wichtig du für uns bist – dann können wir gar nicht mehr so böse streiten. Ich bin so glücklich, daß ich dich habe. Papa und ich, wir werden dich immer lieben. Du bist für uns das Wichtigste.« Mild und zärtlich ruhen Mamas Augen auf Anna, als wollten sie Annas Körper streicheln und liebkosen. Sie vermitteln Trost und Kraft, denn sie sind erhellt durch das »Ich hab' dich lieb«.

Anna starrt die Mutter ganz verzückt an. Doch da hört sie wieder die kalte Stimme: »Was stehst du so herum und starrst Löcher in die Luft?! Was soll dieser Unsinn, daß du in der Wohnung die Sonnenbrille trägst? Nimm sie ab und hilf mir endlich. Ich will nicht, daß Papa noch ärgerlicher wird, weil er aufs Essen warten muß. Du weißt ja, wie ungeduldig Papa ist, mach mir also keine Schwierigkeiten.«

Anna erschrickt. Die Stimme paßt doch nicht zu dem, was Anna in Mutters Augen lesen kann. Damit die Eltern nur ja nicht durch ihre Schuld noch böser aufeinan-

der werden, gehorcht sie der Mutter. Kaum hat sie jedoch die Sonnenbrille abgenommen, wirken Mutters Augen leer. Nichts mehr ist darin zu lesen. Der Gesichtsausdruck paßt wieder zur unangenehmen Stimme.

Als sie bei Tisch sitzen, wird geschwiegen, die Eltern vermeiden es, einander anzusehen. Anna möchte am liebsten das Essen stehen lassen und in ihr Zimmer flüchten, aber sie wagt es nicht, die Eltern zu verärgern. Sie würgt an jedem Bissen, es wird ihr ganz übel dabei.

»Stochere nicht so im Essen herum!« herrscht sie der Vater an. »Du könntest auch in einem anderen Ton mit ihr reden«, zischt die Mutter dem Vater zu. »Bitte streitet doch nicht schon wieder!« wimmert Anna verzweifelt und fängt zu weinen an. »Das hast du nun davon!« hört sie die Mutter den Vater zurechtweisen. Um die Tränen zu verbergen, setzt Anna wieder die Sonnenbrille auf. Scheu blickt sie zu Papa, um zu sehen, wie er auf Mamas Kritik reagiert.

Als sie in Papas Augen blickt, wirkt es auf sie so, als würde sie durch einen tiefen Tunnel schauen, an dessen Ende sie in sein Herz sehen kann. »Ich hab' dich lieb und will doch nicht böse zu dir sein. Ich bin stolz auf dich, denn ich weiß, daß du ein tüchtiges Mädchen bist, dem ich vertrauen kann. Es ist mir deshalb wichtig, daß du dich richtig verhältst, damit dich auch andere so bewundern wie ich. Ich bin sehr froh, daß du meine Tochter bist. Ohne meine kleine Tochter wäre das Leben für mich nur halb so schön. Ich wünsche mir so sehr, daß du mich ebenso lieb hast wie ich dich. Ich bin oft unsicher, weil ich nicht weiß, wie ich dir all das, was ich im Herzen trage, zeigen soll.«

Anna ist völlig überrascht über Papas Augensprache, denn so hat sie den Vater noch nie sprechen gehört. Besonders erstaunt sie, daß auch Papa unsicher sein kann. Sie hätte nie geglaubt, daß er so viele zärtliche Gefühle hat.

Getröstet nimmt Anna die Sonnenbrille wieder ab, damit Mama sie nicht ermahnen muß. Kaum hat sie jedoch die Brille abgelegt, erscheint wieder alles kalt im Raum zu werden. Papa hackt auf Mama hin: »Eine gute Erziehung hast du! Fall mir nur in den Rücken und nimm das Kind in Schutz. Du wirst schon sehen, wie weit du damit kommst.« »Du wirst sehen, wie weit du mit deiner barschen, lieblosen Art bei uns kommst«, erwidert die Mutter mit schriller Stimme. »Ich kann ja gehen!« ruft der Vater und steht wütend auf.

»Die Sonnenbrille, schnell, die Sonnenbrille!« denkt Anna. Aber statt sich die Sonnenbrille selbst aufzusetzen, hält sie diese – einer plötzlichen Eingebung folgend – der Mutter vor die Augen.

Die Mutter möchte sich mit einer unwirschen Bewegung der Brille entledigen, doch plötzlich wirkt auch bei ihr der Zauber der braun getönten Gläser. Auch sie kann nun ins Herz ihres Mannes schauen und in seinen Augen lesen. Sie erkennt, daß der Vater im Grunde gar nicht gegen sie ist, daß er ihr keineswegs weh tun möchte. Er ist nur gekränkt, weil er meint, sie nehme ihn nicht ernst und verstehe ihn nicht. Er befürchtet, sie habe ihn nicht mehr so lieb wie früher. Er fühlt sich manchmal allein und unsicher. Er kann seine Gefühle nur schwer deutlich machen und hat Angst, daß Frau und Tochter zu wenig daran interessiert seien, was er denkt und fühlt. Er

wünscht sich nichts sehnlicher, als von seiner Familie Liebe zu spüren und ihr diese wieder zu schenken.

Die Mutter bekommt ganz heiße Wangen und – gerade noch im letzten Moment, bevor der Vater wütend das Zimmer verläßt – springt auf und umarmt ihren Mann. Sie flüstert ihm zu: »Bitte bleib. Ich hab' dich sehr, sehr lieb. Anna und ich, wir brauchen dich, wir gehören doch zusammen!«

Der Vater versteht nicht ganz, was diese plötzliche Wandlung seiner Frau zu besagen hat und reagiert noch ein wenig böse. Zum Glück hat die Mutter nach wie vor die Sonnenbrille auf und kann somit weiterhin in seinem Herzen lesen. So läßt sie sich nicht von Vaters kaltem Verhalten irritieren. Sie ist nun ganz davon überzeugt, daß es sich bei der Sonnenbrille um keine gewöhnliche Brille handelt. Sie erklärt dem Vater die Wirkung dieser Zauberbrille und schlägt ihm vor, diese auch einmal zu probieren. Der Vater zögert ein wenig, aber setzt sie dann doch zweifelnd und eher unwillig auf. Plötzlich verändern sich auch seine Gesichtszüge. Verlegen räuspert er sich, umarmt seine Frau und geht dann auf Anna zu, um sie fest an sich zu drücken.

»Diese Zauber-Sonnenbrille hat uns endlich sehend gemacht. Sie hat uns gezeigt, daß man nicht immer richtig erkennen kann, was der andere wirklich fühlt, wenn man nur hört und sieht, wie er sich benimmt, was er tut, was er sagt, ohne in sein Herz zu blicken. Eigentlich bräuchten wir dafür gar keine Zauberbrille. Wir müßten uns nur immer im klaren darüber sein, daß wir einander lieben und uns deshalb nicht wie Feinde verhalten sollen. Eine ganz einfache Sache«, meint der Vater.

Aber Anna ist so glücklich über den Erfolg ihrer Zau-

berbrille, daß sie beschließt, die Sonnenbrille sicherheitshalber gut aufzubewahren und sie sofort den Eltern auf die Nase zu setzen, falls diese doch einmal wieder vergessen sollten, einander ins Herz zu schauen.

Möchtest du wissen, ob Anna jemals wieder die Zauberbrille zu Hilfe nehmen mußte? Nein, Anna benötigte sie nicht mehr. Das heißt jedoch nicht, daß die Eltern nie wieder miteinander gestritten haben. Wie du weißt, kommt Streit unter den besten Freunden vor. Aber Anna fühlte sich nicht mehr so ausgeliefert, verunsichert und allein. Sie hatte keine Angst mehr, daß die Eltern sich nicht mehr vertragen, und vor allem nicht davor, daß die Eltern dabei die Liebe zu ihr vergessen könnten.

Anna wurde älter und älter, und schließlich heiratete auch sie. Beim ersten heftigen Streit mit ihrem Mann erinnerte sie sich plötzlich wieder an die Zauberbrille. Sie suchte danach, denn sie hätte sie gerne ihrem Mann aufgesetzt, aber sie konnte sie nicht mehr finden. Zum Glück gelang es ihr auch ohne Zauberbrille, den Frieden wiederherzustellen.

Was ist wohl aus der Zauber-Sonnenbrille geworden? Wo ist sie jetzt? Setz einmal deine Sonnenbrille auf und versuche, den anderen richtig in die Augen zu schauen, um in ihren Herzen zu lesen, was sie wirklich fühlen, ohne auf ihre Stimme, auf ihr Tun zu achten. Gelingt es dir, ihre Liebe zu entdecken, dann bist du der glückliche Finder dieser Zauberbrille.

Zeichne oder male, was du durch deine Zauberbrille alles sehen und entdecken kannst.

Die kleine, dicke Dame

Verenas Eltern haben aufgehört, einander zu lieben. Da sie sich nicht mehr gern gehabt haben, gab es nach den Streitereien auch keine richtige Versöhnung mehr. Wenn man sich nun so gar nicht mehr lieb haben kann, ist es besser, nicht mehr zusammen zu bleiben, auch wenn jede Trennung die Familie sehr traurig macht. Trotzdem ist dies leichter zu ertragen, wenn keine bösen Worte mehr fallen, mit denen man, ohne dies eigentlich zu wollen, dem anderen und vor allem den Kindern sehr weh tut.

Aus diesem Grund beschlossen Verenas Eltern vor einiger Zeit, daß der Vater in eine andere Wohnung ziehen solle. Nun lebt Verena nur mehr mit ihrem großen Bruder und der Mutter zusammen. Sie möchte oft die Mutter nach dem Vater fragen, aber da ihre Mutti dabei jedesmal traurig oder böse wird, schluckt sie ihre Fragen hinunter. Natürlich darf sie ihren Vati alle 14 Tage zum Wochenende besuchen, und sie freut sich auch auf diese Wochenenden. Aber so ganz froh kann sie dabei nicht werden, denn sie weiß, daß sie sich von Vati wieder verabschieden muß. Er tut ihr auch leid, weil er, genauso wie Mutti, oft ein trauriges Gesicht macht. Sie will ihm gar nichts von Mutti erzählen und Mutti auch nichts von Vati berichten.

Nach einem Besuchswochenende bei Vati fehlt er ihr besonders. Aber auch darüber kann sie nicht mit Mutti sprechen. Mutti glaubt, daß ihr die Besuche bei Vati nicht gut täten, denn Verena ist dann immer ganz verändert. Mutti versteht nicht, daß Verena nur durch die

Sehnsucht, die sie für sich behalten muß, einige Tage hindurch so verschlossen und fast abweisend wirkt.

Ihrem Bruder scheint die Trennung der Eltern nichts auszumachen. Vati kümmert sich nicht mehr so darum, ob und wieviel Verenas Bruder lernt. Außerdem ist er nun viel großzügiger, und er läßt sich leicht überreden, das Taschengeld zu erhöhen.

An einem Montag nachmittag, nach einem Besuchswochenende bei Vati, kauert Verena allein auf einer Parkbank und stochert verträumt mit den Zehenspitzen zwischen den Grashalmen herum. Sie denkt an Vati und seufzt tief.

»Wie kann so ein liebes Mädchen an einem so schönen Sonnentag so traurig seufzen?« vernimmt Verena eine heitere, liebevolle Stimme. Sie blickt auf und sieht in die gütigen Augen einer kleinen, dicken Dame. Noch bevor Verena antworten kann, sagt die Dame: »Darf ich mich vorstellen, ich bin dein Schutzengel.« Verena glaubt, die Dame mache sich über sie lustig, denn Schutzengel gibt es nur im Märchen, und die sehen sicher nicht wie eine kleine, dicke Dame aus. Irgendwie kommt ihr diese kleine, dicke Dame jedoch bekannt vor, aber an einen Schutzengel erinnert sie diese sicher nicht.

Die kleine, dicke Dame lacht. Ihr Gesicht wird dadurch noch runder, und die Augen scheinen schelmisch mitzulachen. »Du hast dir wohl einen Schutzengel so vorgestellt wie die nackten, kleinen Engelchen mit Flügeln, wie die, die man in der Kirche hängen sehen kann. Ein Schutzengel ist ein guter Geist und hat normalerweise keine Gestalt. Falls es aber notwendig ist, daß er sich blicken läßt, dann nimmt er die Gestalt einer Person an, die schon gestorben ist, aber noch in Liebe mit euch ver-

bunden ist. Ich war vor langer Zeit der Schutzengel deiner Oma, der Mama deines Vatis. Nun möchte ich dir helfen, so wie es deine Oma getan hätte, wenn sie noch lebte.«

Jetzt wird es Verena klar, warum ihr die kleine, dicke Dame so bekannt vorgekommen ist. Leider starb Oma, als Verena noch ein Baby war. Verena hat viele Fotos von Oma gesehen, aber trotzdem hat sie sich von ihrer Oma ein eigenes Bild gemacht und sich oft vorgestellt, was sie ihr alles erzählen könnte. Eigenartig, die kleine, dicke Dame mit den gütigen Augen und dem verschmitzten Gesicht schaut zwar weniger den Fotos von Oma ähnlich, aber sie entspricht fast ganz genau der Vorstellung, die Verena von ihrer Oma hat.

»Dein tiefes Seufzen hat mich herbeigewünscht. Und da bin ich. Ich weiß, wie schwer es für dich ist, daß deine Eltern getrennt leben. Aber noch schwieriger ist es für dich, zwischen Mutti und Vati hin- und hergerissen zu sein. Es ist nicht leicht für dich, daß du weder mit Mutti über Vati noch mit Vati über Mutti sprechen und nicht dem einen zeigen kannst, wie lieb du den anderen hast. Du glaubst, du würdest sie dadurch traurig und eifersüchtig machen. Wichtig ist, daß du fröhlich sein kannst, weil du weißt, wie lieb sie dich haben, und du deshalb keinen von beiden jemals verlieren wirst. Wenn du fröhlich bist, werden deine Eltern froh darüber und bald nicht mehr so eifersüchtig sein. Komm, laß uns ein bißchen spazierengehen und plaudern. Dann fällt uns bestimmt etwas ein, das wir tun können, damit du nicht mehr so traurige Sehnsucht nach Vati haben mußt.«

Die kleine, dicke Dame nimmt Verena an der Hand, und sie spazieren durch den großen Park. Sie erzählt Verena,

daß Vati, als er klein war, gar nicht brav sein konnte, daß er oft trotzig gewesen ist und was er alles anstellte. Da sie ja Omas Schutzengel war, weiß sie sehr viel über Vati, als er ein kleiner Junge war. Sie erzählt Verena von dem großen Nachbarshund namens Boris, den Vati als kleiner Junge oft Gassi geführt hat. Diesen Hund hat Vati sehr lieb gehabt, Boris war sein bester Spielkamerad. Als die Nachbarin wegzog, weinte Vati viel. Er brauchte lange, bis er die Sehnsucht nach dem Hund überwunden hatte. Oma half ihm dabei. Jeden Abend erzählte sie ihm eine liebe Geschichte von Boris, dem großen, schwarzen, zotteligen Hund, so daß Boris zumindest noch in Vatis Gedanken bei ihm bleiben konnte.

Verena hört aufmerksam zu. Über Vatis Streiche muß sie lachen, und die Geschichte von dem Hund Boris findet sie besonders schön. Sie hat sich nie Vati als kleinen Jungen vorstellen können. Es macht sie fröhlich, soviel über Vati zu plaudern und soviel über ihn zu erfahren. Jetzt fühlt sie sich Vati ganz nahe und sehr verbunden. Die traurige Sehnsucht ist wie weggezaubert.

»Ich weiß, wie ich dir helfen kann. Wir machen es so ähnlich, wie Oma deinem Vati geholfen hat, als er so große Sehnsucht nach Boris bekam. Wenn du dir Geschichten über Vati gut vorstellen kannst, dann ist er in Gedanken ganz nah bei dir und dann fehlt er dir nicht mehr so sehr«, meint die kleine, dicke Dame.

»Aber mir erzählt doch niemand Geschichten über Vati«, entgegnet Verena traurig.

»Doch! Alles, was mit Vati verbunden ist, alles, was Vati gern hat, jeder Gegenstand, jeder Ort, jede Person erzählen dir etwas über deinen Vater. Du kannst es zwar nicht mit den Ohren hören, aber sehr wohl in deiner Fantasie, so wie du mich jetzt hörst und siehst. Laß uns mal nachdenken!«

»Ja, ich weiß was!« ruft Verena freudig. »Vati hat einen Schlüsselanhänger mit einer Bergkristallkugel, die im Sonnenlicht in den verschiedensten Farben glitzert. Er hat sich diesen Schlüsselanhänger einmal während eines Urlaubs in Tirol gekauft. Oma ist in Tirol geboren, und deshalb sind wir sehr oft hingefahren. Vati meinte, die Bergkristallkugel erinnere ihn an Oma, da sie diese Steine geliebt hatte. Jetzt hat er schon längst einen anderen Schlüsselanhänger und bewahrt diesen in seiner Krims-Krams-Schublade auf. Ich werde ihn fragen, ob er mir diesen Schlüsselanhänger schenkt. Da für Vati der Schlüsselanhänger damals etwas Besonderes war, kann mir die Bergkristallkugel sicher viele Geschichten über Vati, Oma und unsere gemeinsamen Urlaube erzählen.«

»Eine ausgezeichnete Idee! Bravo, du hast also verstanden, was ich meine. Du wirst sehen, deine Sehnsucht nach Vati wird dir nicht mehr weh tun, denn du bist ihm mit Hilfe der Bergkristallkugel ganz, ganz nahe. Na so was, wie die Zeit vergeht! Jetzt muß ich mich von dir verabschieden.«

»Du verläßt mich?! Geh bitte nicht fort!« ruft Verena erschrocken.

»Wie kannst du nur so etwas von mir denken? Du weißt doch, daß ich dein Schutzengel bin und daher immer in deiner Nähe bleibe. Du wirst mich immer fühlen können, nur eben nicht mehr sehen, hören und spüren wie jetzt. Stell dir das Gedränge vor, wenn sämtliche Schutzengel auf dieser Welt Gestalt annähmen und diese beibehalten«, lacht die kleine dicke, Dame und drückt dabei herzlich Verenas Hand.

Flugs, weg ist sie. Verena fühlt aber noch ihren festen Händedruck, und ihr liebes Lächeln umhüllt sie mit angenehmer Wärme.

Am nächsten Besuchswochenende bestürmt Verena gleich Vati, er solle ihr doch den Schlüsselanhänger schenken. »Ich möchte etwas von dir haben, das mich ganz fest an dich erinnert«, erklärt sie.

Verenas Vater freut sich sehr, kramt den Schlüsselanhänger hervor, haucht ihn an, legt ihn in seine große, kräftige Hand und umschließt damit Verenas Händchen. »So«, meint Vati, »jetzt hab ich der Bergkristallkugel Liebe von mir eingehaucht, und wir haben sie mit unseren Händen umschlossen. Jetzt weißt du ganz genau, daß wir immer verbunden sind und ich dir ganz nahe bin.«

Tagsüber hängt sich Verena den Schlüsselanhänger an die Gürtelschlaufe ihrer Hose, und während sie schläft, legt sie ihn unter ihr Kopfkissen. Wenn sie Sehnsucht nach Vati bekommt, hält sie die Bergkristallkugel gegen das Licht, schaut sich die Farben an und läßt sich in Gedanken Geschichten über Vati erzählen. Dabei hört sie die Stimme der kleinen, dicken Dame. Sie ist davon überzeugt, daß es wirklich die kleine, dicke Dame ist, die ihr all diese schönen, trostreichen Geschichten einflüstert.

Was würdest du dir aussuchen, wenn du nach jemandem Sehnsucht hast? Woran würdest du denken? Wie, glaubst du, sähe dein Schutzengel aus, wenn er Gestalt annähme? Zeichne oder male, was du dir vorstellst.

Die Fledermaus

Margit und Manuel sitzen in der Klasse nebeneinander. Manuel ärgerte sich, daß die Frau Lehrerin ausgerechnet ein Mädchen neben ihn gesetzt hat. Auch Margit war anfangs gar nicht begeistert, daß sie als Nachbarn einen der dummen Jungen bekommen hat und von ihren Freundinnen getrennt wurde.

Es dauerte eine Weile, bis die beiden überhaupt miteinander zu reden begannen. Manuel spielte Margit einige kleine Streiche, aber besonders arg begann er sie zu quälen, als er zwei Mädchen kichernd sagen hörte: »Manuel ist in Margit verliebt!« Das war ihm überaus peinlich. Er dachte sofort daran, was wohl seine Freunde über ihn denken könnten. Die würden ihn sicher auslachen und hänseln. Es durfte ihn also keiner mehr verdächtigen, daß er vielleicht Margit gern haben könnte.

Das war aber schwer für Manuel, denn irgendwie hat ihm Margit ja doch bereits von Anfang an gefallen. Margit gehörte nicht zu den Heulsusen, war keine Petze und kein Feigling. Sie war, so dachte Manuel, fast wie ein Junge. Und genau das war es, was ihm half, es doch zu wagen, sich mit Margit anzufreunden. Als er sie nämlich wieder einmal quälte, gab sie ihm plötzlich eine Ohrfeige. Als die Lehrerin sie wegen ihres ungehörigen Benehmens streng zur Rede stellte, erwähnte Margit mit keinem Wort, daß Manuel sie schon eine ganze Weile gequält hatte. Das imponierte Manuel. Er ließ sie daher in der Pause von seiner Kauschlange abbeißen. Die Freundschaft war besiegelt.

Margit und Manuel haben etwas gemeinsam. Jeder von ihnen lebt nur mit einem Elternteil zusammen. Margit wohnt mit ihrem Vater. Die Mutter hat einen anderen Mann geheiratet, von dem sie ein Baby bekam. Margit ist sehr stolz auf ihre kleine Halbschwester. Sie darf das Baby betreuen und den Kinderwagen schieben. Rudi, Mamas neuer Mann, ist ein lieber Onkel, mit dem Margit viel Spaß haben kann. Margit hat auch noch zwei Omas, die gut für sie sorgen. Margit ist also zufrieden, auch wenn sie die einzige in der Klasse ist, die nicht mit ihrer Mutter zusammen lebt.

Auch Manuels Eltern ließen sich scheiden. Manuel lebt jedoch, genauso wie Verena, wie Bettina und Paul, bei seiner Mutter. Er ist also keine Ausnahme in der Klasse. Nur sieht Manuel seinen Vater leider viel zu selten, da dieser viel unterwegs ist. Manuel ist daran gewöhnt, und es macht ihm nichts aus, eine »halbe« Familie zu haben. Nur wenn die anderen Jungen über ihren Vater berichten, dann tut es ihm leid, nicht auch mitreden zu können. In solchen Augenblicken sehnt er sich danach, mit einem Vater Abenteuerliches zu erleben und Interessantes unternehmen zu können. Er stellt sich einen Helden vor, der allen Kindern imponiert. Sonst ist aber auch er mit seinem Leben zufrieden, denn er hat seine Mutter sehr lieb. Mit seiner Mutter kann er über alles reden, und sie ist – so weit es ihre Zeit erlaubt – bei jedem Spaß dabei.

Manuel ist gern zu Besuch bei Margit. Er versteht sich ausgezeichnet mit Margits Vater. Am lustigsten ist es für Manuel, wenn er bei Ausflügen mitgenommen wird, denn Margits Vater erklärt ihm Dinge über die Natur und zeigt ihm, wie man einen Tormann blufft. Margit paßt das überhaupt nicht, denn sie ist ein wenig eifersüchtig und will ihren Vati mit niemandem teilen. Ob-

wohl sie weiß, daß Vati sie immer liebhaben wird, schlummert in ihr doch die Sorge, sie könnte irgendwann Vati an jemanden anderen verlieren. Da es aber doch mehr Spaß gibt, wenn Manuel dabei ist, vergißt sie bald wieder die Eifersuchtsgedanken.

Die Sommerferien nahen. Margits Vater beschließt, die Ferien mit seiner Tochter in einem Kinderhotel zu verbringen. »Soll ich Manuels Mutter fragen, ob die beiden mit uns fahren?« fragt der Vater Margit, und sie sagt ja.

Auch Manuel und seine Mutter sind damit einverstanden und freuen sich auf die gemeinsamen Ferien.

Das Kinderhotel ist wie ein Ferienheim für Kinder, nur daß auch die Eltern dabeisein dürfen. Es gibt Betreuer, die viele Spiele organisieren, so daß den Kindern immer unterhaltsame Programme geboten werden.

Manchmal nehmen auch die Erwachsenen an den Spielen teil und haben, genauso wie die Kinder, ihren Spaß daran.

Während der Mahlzeiten sitzen Margit, ihr Vater, Manuel und seine Mutter natürlich an einem Tisch. Die Erwachsenen finden einander überaus sympathisch und sprechen angeregt miteinander.

Doch plötzlich ist der Urlaub gar nicht mehr so lustig. Margit ist während der Mahlzeiten kalt und abweisend und vermeidet es, Manuels Mutter anzusehen. Manuel wiederum gibt Margits Vater freche Antworten und widerspricht ihm andauernd. Auch untereinander gibt es zwischen den Kindern Spannungen. Manuel beginnt wieder, Margit zu quälen, diesmal aber verpetzt ihn Margit bei ihrem Vater.

»Was ist bloß mit euch los?« fragt Manuels Mutter. »Margit, magst du mich denn so überhaupt nicht? Wenn ja, dann sag mir bitte, warum.«

»Das ist mein Geheimnis!« zischt Margit und läuft davon. Der Vater versucht, ihr nachzulaufen, denn er möchte ernsthaft mit ihr reden.

»Komm«, meint Manuels Mutter, laß uns Margit suchen.«

»Nein!« schreit Manuel. »Du bleibst mit mir da. Die beiden gehen uns doch überhaupt nichts an! Ich bin froh, daß sie weg sind. Hoffentlich kommt Margit nie wieder zurück. Ich kann sie und ihren Vater nicht mehr leiden.«

Und wirklich – beinahe sollte Manuels unbedachter Wunsch in Erfüllung gehen.

Margit ist wütend und traurig zugleich. Seitdem sie bemerkt hat, daß ihr Vater Manuels Mutter immer lieber gewinnt, ist sie voller Sorge. Sie befürchtet, daß sie vielleicht doch Vati an jemanden anderen verlieren könnte. Obwohl sie weiß, daß das Unsinn ist und sie ihn nie verlieren wird, fühlt sie sich doch unsicher und wird eifersüchtig.

Margit ist ganz durcheinander. Sie hört, wie der Vater ihr nachruft, sie soll auf ihn warten. Aber sie will jetzt nicht mit Vati reden. Daher läuft und läuft sie umso schneller, bis sie von Vati nichts mehr hören und sehen kann. Sie will mit niemandem zusammentreffen, sie möchte sich vor allen verstecken.

Margit ist schon eine weite Strecke gelaufen und gelangt in ein ihr unbekanntes, felsiges Gebiet. Sie denkt nur daran, sich für ein paar Stunden zu verkriechen, um sich zu beruhigen – und auch, damit Vati merkt, wie wichtig sie für ihn ist, wenn er sich um sie Sorgen macht.

Wie unfair und gefährlich dieser Gedanke ist, kommt Margit gar nicht in den Sinn. Sie denkt nicht weiter nach und schlüpft durch einen niedrigen Höhleneingang in eine immer dunkler werdende Höhle.

Margit wird es nun unheimlich zumute, und sie bereut schon, in die Höhle gekrochen zu sein. Sie beschließt, zurückzugehen und mit Vati über ihre Sorgen zu reden. Sie geht nach links, dann geradeaus, dann nach rechts. Margit wundert sich, daß noch immer nicht das Licht des Höhleneingangs zu sehen ist, sie müßte doch bereits dort angelangt sein. Nun erkennt Margit mit Schrecken, daß sie sich verirrt hat. Die Augen haben sich zwar an das Dunkel der Höhle gewöhnt, und verzweifelt versucht sie, den richtigen Weg zu finden. Aber sie verirrt sich nur noch mehr in den tiefen Gängen der Höhle. Margit ist völlig erschöpft und muß eine kurze Pause machen. Sie lehnt sich an die kühle, feuchte Felswand. Da erschrickt sie durch ein aufblinkendes Licht. Sie blickt in die leuchtenden Augen.

»Wie kommt es, daß du in unser Reich eindringst?« fragt streng aber wohlwollend das Wesen mit den leuchtenden Augen.

»Ich wollte mich nur ganz kurz in dieser Höhle verstecken, und nun habe ich mich verirrt«, sagt Margit kläglich.

»Das kommt davon, weil ihr Menschen zu schwach seid und nicht einmal richtig sehen und hören könnt. Ich werde dir den Weg aus der Höhle zeigen und dich zu deinem Vater begleiten. Nur mußt du warten, bis es Nacht wird, denn die Sonne tut meinen alten Augen weh. Bis dahin leiste uns Gesellschaft.«

»Wer bist du eigentlich?« fragt Margit ängstlich.

»Wer ich bin? Erkennst du mich nicht? Ich bin eine Fledermaus! Wer sonst könnte dir helfen, aus der Höhle wieder herauszufinden?« sagt ein wenig beleidigt die Fledermaus.

»Puh, eine Fledermaus! So ein furchtbar häßliches Tier«, denkt Margit und blickt scheu zur Seite.

»Komm, ich stell' dir unsere Familie vor.« Die Fledermaus weist mit ihrem Flügel zur Decke. Jetzt erst bemerkt Margit, daß über ihr dicht gedrängt lauter kleine Körper mit dem Kopf nach unten hängen.

Plötzlich entsteht Bewegung, alle flattern durcheinander, jeder will zuerst Margit begrüßen. Die Fledermaus stellt vor: »Das sind die Papis und Mamis, Opas, Omas sowie die Onkeln und Tanten. Und das sind all unsere Kinder.«

Für Margit sehen alle gleich aus. »Ihr seid so viele, ich kann euch nicht unterscheiden. Wenn ihr alle so dicht gedrängt zusammenlebt, gibt es da nicht Streit, sind deine Kinder nicht eifersüchtig?« will Margit wissen.

»Warum? Das gäbe doch keinen Sinn. Wir gehören alle zusammen. Wenn man noch weitere Freunde und Verwandte gern hat, nimmt man doch dem Kind nichts weg. Gernhaben kann man nicht wie einen Kuchen in Stücke schneiden.«

»Doch«, sagt Margit trotzig. »Man kann den neuen Freund eines Tages vielleicht mehr lieben als das Kind. Jedenfalls wird die Zeit doch aufgeteilt.«

»Du machst dir große Sorgen, daß dein Vater vielleicht eine andere Frau heiraten könnte, nicht wahr? Du glaubst, weil er auch Zeit mit diesem anderen Menschen verbringen möchte, bist du für ihn nicht mehr so wichtig. Das macht dir Angst. Deinem Freund Manuel geht es ähnlich wie dir. Auch er glaubt, dein Vater könnte ihm etwas von der Liebe seiner Mutter wegnehmen.«

»Der ist ja dumm!« ruft Margit aus. »Das täte doch Vati nie! Manuel hat Vati immer so gern gehabt. Vati ist wie der beste Freund zu Manuel. Ich versteh' nicht, warum er jetzt zu Vati so frech geworden ist.«

»Das habe ich dir ja schon gesagt. Aus dem gleichen Grund wie du, aus Eifersucht und Angst.«

»Aber seine Mutter verläßt ihn sicher nicht. Sie ist so stolz auf Manuel. Er würde doch seine Mutter nie verlieren, nur in Vati einen Freund gewinnen«, wehrt sich Margit noch immer gegen den Vergleich mit ihrer eigenen Lage.

»Genau wie du. Manuel hat dir doch erzählt, wie lieb seine Mutter ist, und er hat sicher recht. Du könntest also in Manuels Mutter eine gute Freundin finden, wenn du ihr dazu die Chance gibst. Mit deiner Mutter und Onkel Rudi verstehst du dich ja auch prima.«

»Das ist ganz etwas anderes!« protestiert Margit. »Mit denen lebe ich doch nicht zusammen.«

»Wenn du mit ihnen zusammenlebtest, könntest du dann Onkel Rudi plötzlich nicht mehr leiden? Das glaub' ich nicht. Du hast nur Angst, daß dein Vati wegen einer anderen Frau von dir weggeht. Sprich ganz einfach mit Vati darüber, du wirst sehen, du kannst ihm vertrauen.

Glaub mir, eine große Familie, in der alle die Kinder liebhaben, ist etwas sehr Schönes. Wir Fledermäuse sind überhaupt nicht aufeinander eifersüchtig, obwohl unsere Verwandtschaftsverhältnisse oft sehr verworren sind. Wie du siehst, leben wir in einer großen Gruppe friedlich beisammen. Wir sind alle Freunde – wie wir miteinander verwandt sind, ist uns dabei gleichgültig. Wir freuen uns über jeden Freund, den wir gewinnen.«

»Du bist für mich eine Freundin«, sagt Margit und findet nun die Fledermaus gar nicht mehr häßlich.

»Ja, das stimmt, wir sind Freundinnen geworden. Und das bleiben wir, auch wenn wir uns jetzt trennen müssen. Draußen ist es bereits dunkel geworden. Ich führe dich zurück. Dein armer Vater wird vor Sorge um dich schon ganz krank sein.«

Der Abschied von der Fledermaus ist Margit gar nicht leichtgefallen. »Es ist schön, eine ältere, eine erwachsene Freundin zu haben, mit der man über alles sprechen kann. Sie wird mit sehr fehlen«, denkt Margit.

Da stürzt plötzlich Manuels Mutter auf sie zu und umarmt sie innig. »Ach, wie bin ich froh, daß dir nichts passiert ist! Dein Vater wird glücklich sein.«

Sie rufen Margits Vater herbei, und Manuels Mutter geht ins Hotel zurück, um die beiden miteinander reden zu lassen. Die Fledermaus hat recht, Margit kann ihrem Vater vertrauen.

Am nächsten Morgen beim Frühstück haben beide Kinder ein schlechtes Gewissen. Margit, weil sie ihrem Vater Sorgen gemacht, und Manuel, weil er aus Eifersucht Margit fortgewünscht hat. Manuels Mutter schlägt ihrem Sohn vor, mit ihr auf der Wiese Federball zu spielen, und Margits Vater möchte mit seiner Tochter auf die Burg gehen. »Warum tauschen wir nicht?« meint Manuel. »Du gehst mit meiner Mutter und ich mit deinem Vater.«

Margit zögert ein wenig. Dann aber denkt sie an die Fledermaus und wagt den Versuch.

Sie plaudert lange mit Manuels Mutter, mit der sie fast so gut reden kann wie mit der Fledermaus. Plötzlich merkt sie, daß auch Manuels Mutter wie eine Freundin zu ihr ist. »Komm, es ist schon dunkel geworden. Wir müssen zu den zwei Männern zurück«, sagt Manuels Mutter und nimmt Margit freundschaftlich an der Hand.

Da hört Margit ein feines Geräusch. Sie schaut hinauf und sieht, wie ihr zwei leuchtende Augen zuzwinkern. Margit winkt ihrer Freundin Fledermaus, und mit der anderen Hand hält sie ihre neue Freundin fest, Manuels Mutter.

Als der Urlaub zu Ende ist, schenkt Manuels Mutter Margit lila Briefpapier. Auf die Kuverts hat sie ihre Adresse geschrieben und bereits Briefmarken geklebt. »Ich möchte mit dir ein Geheimnis haben«, sagt sie zu Margit. »Wir haben so schön miteinander geplaudert. Wie wäre es, wenn wir auch noch echte Brieffreundinnen würden und einander Geheimnisse anvertrauten und zuschickten? Willst du?«

»Ja, das ist spannend. Aber ich kann noch nicht schreiben.«

»Das macht gar nichts. Unsere Briefe sind dann eben wunderbare Zeichnungen.«

»Das machen wir – ein schönes Geheimnis!« strahlt Margit.

Margit weiß nicht, wie oft und wie lange sich ihr Vater mit Manuels Mutter treffen und wie gern er sie haben wird. Aber sie weiß, daß sie in Manuel und seiner Mutter zwei wirklich gute Freunde gewonnen hat.

Das erste Bild, das Margit von Manuels Mutter erhält, ist eine schöne gemalte Fledermaus. Margit versteht sofort, was damit gemeint ist, und kann viel daraus lesen. Dieses Bild hängt sie über ihr Bett, und die vielen anderen, die noch folgen, bewahrt Margit in ihrer Geheimnis-Schachtel auf.

Zeichne oder male, was du einem Brieffreund oder einer Brieffreundin erzählen und anvertrauen würdest.

Was Eltern zu den Märchen wissen müssen

Sie wissen zumeist, was Sie dem Kind erlauben, was Sie ihm untersagen müssen, Sie haben bestimmte Vorstellungen und Ziele, die Sie in der Erziehung Ihres Kindes verwirklichen wollen. Sie kennen Ihr Kind in all seinen Stärken und in all seinen Schwächen. Sie bemühen sich, dem Kind das Beste widerfahren zu lassen. Dennoch sind Konflikte, Verhaltens- und Kontaktprobleme nicht immer zu verhindern. Kinder werden oft gefühlsmäßig überfordert und in ihrem Empfinden allein gelassen – sei es nun aufgrund einer schwierigen familiären oder einer veränderten sozialen Situation, sei es aufgrund von ungewolltem mangelndem Verständnis seitens der Eltern oder anderer Bezugspersonen (Lehrer, Mitschüler).

Die Erziehung sollte nur in zweiter Linie aus Geboten, Verboten, Richtlinien und Leistungsforderungen bestehen. Das Hauptaugenmerk in einer guten Erziehung muß auf die seelische Stabilität des Kindes gerichtet werden. Erst auf dieser Basis ist es dem Kind möglich, den Erziehungsrichtlinien Folge zu leisten.

Wie bewirken Sie beim Kind eine gute seelische Stabilität? Es gilt, den seelischen Grundbedürfnissen eines Menschen zu entsprechen: ernst genommen, verstanden und geschätzt zu werden! Das bedeutet, daß Sie bei Ihrem Kind (auch beim Partner!) zuerst einmal zwischen »Verhalten« und »Sein« unterscheiden müssen. Viele Eltern begehen den Fehler, ihre liebevolle Zuwendung vom erwünschten Verhalten ihres Kindes abhängig zu machen. »Ich kann das Kind doch nicht loben, wenn es sich falsch verhält!« ist oft das zynisch gebrachte Gegenargument. Kein vernünftiger Mensch erwartet von Ihnen, daß Sie das Kind für unangepaßtes Verhalten belohnen. Aber Sie dürfen dem Kind auch keine bösen Absichten unterstellen. Kein normales Kind verhält sich negativ, ohne daß dieses Verhalten durch eine Ursache (seelische Konflikte, Gefühlsstau, Unsicherheit ...) bedingt oder durch falsche Elternreaktionen verstärkt und somit aufrechterhalten worden ist.

Wenn sich das Kind also negativ verhält, so ist es deshalb nicht negativ – eine Aussage, die jedem klar ist. Dennoch erziehen viele Eltern ihr Kind entgegen dieser simplen Tatsache, sie setzen »Verhalten« mit »Sein« gleich.

Durch diesen Fehlschluß scheint es auch vielen Eltern so schwerzufallen, dem Kind Vertrauen zu schenken. Wem sonst im Leben sollten Sie vertrauen dürfen als Ihrem eigenen Kind?! Bevor Sie Zweifel anmelden, möchte ich daran erinnern, daß ich nicht vom Verhalten spreche. Bei keinem Menschen, nicht einmal bei mir selbst, würde ich dem Verhalten Vorschuß-Vertrauen schenken. Zu viele bewußte und unbewußte seelische Vorgänge beeinflussen das Verhalten.

So ist zum Beispiel die Aggression ein durchaus negatives Verhalten; ihr Seelenhintergrund, die emotionalen Vorgänge hingegen sind für mich zum Teil sogar schätzenswert! Keine Sorge, ich breche damit nicht eine Lanze für die Aggression. Ich möchte nur aufzeigen, wie wichtig es ist, hinter die Kulissen eines Verhaltens zu schauen. Es gilt, sich zuerst mit den inneren Vorgängen auseinanderzusetzen und dann erst das Verhalten zu beurteilen.

Was steckt also sehr häufig hinter der Aggression? Empfindsamkeit, Unsicherheit, das Unvermögen, mit Konflikten umzugehen, geringe Frustrationstoleranz,

Verletzt-, Gekränkt-, Enttäuscht-Sein, sich einer Situation gegenüber ohnmächtig, sich angegriffen, abgelehnt, einsam zu fühlen.

Welche Bedürfnisse liegen diesem Empfinden zugrunde? Das Bedürfnis nach Wertschätzung, nach verständnis- und liebevoller Zuwendung. Also die Grundbedürfnisse aller Menschen, ohne deren Erfüllung keine innere Stabilität zu erreichen ist.

Das heißt natürlich nicht, daß jeder, dessen Grundbedürfnisse nicht erfüllt werden, nun aggressiv reagiert oder gar den Freibrief für Aggression erhalten soll. Ob aggressives Verhalten zu einer für den Betreffenden typischen Reaktionsweise auf äußere und innere Konflikte wird, das hängt sehr wohl von der Erziehung (Verstärkung des Verhaltens durch Beachtung und Zuwendung, keine erlernten Verhaltensalternativen) und von sozialen Mustern (Modell-Lernen) ab. Weiters wirkt sich das durch aggressives Reagieren oft erreichte erwünschte Ziel als unmittelbares Erfolgserlebnis aus (man steht im Mittelpunkt, andere geben nach, man flößt »Respekt« ein, man kann sich entladen ...) und verstärkt dieses Verhalten.

Sie können nur zielführend gegen ein Verhalten vorgehen, wenn Sie zuerst seine psychischen Hintergründe erfaßt haben und dadurch das »Sein« des Betreffenden verstehen lernen.

Wenn Sie Unarten, unangepaßtes Verhalten des Kindes ändern wollen, dann richten Sie sich nach dem im Buch ›Märchen, die den Kindern helfen‹ genauer erörterten Lehrsatz: »Jede Art von Zuwendung (egal ob positiv oder negativ!), die sofort auf ein bestimmtes Verhalten des Kindes erfolgt, bewirkt, daß das Verhalten häufiger auftritt! Zuwendung (ermahnen, loben, kritisieren, gutes Zureden) und somit Beachtet-Werden wirkt belohnend. Das bedeutet, daß schon allein deswegen auf Ermahnen und Kritisieren verzichtet werden müßte. Die richtige Erziehungs-Alternative: Beziehen Sie sich anerkennend auf ein bereits gezeigtes erwünschtes Verhalten des Kindes, auf positive Erfahrungswerte. Äußern Sie sich wertschätzend über das Kind, geben Sie dadurch Vertrauensvorschuß. Erst dann, falls erforderlich, instruieren Sie das Kind, warum das Fehlverhalten abzulehnen ist, und demonstrieren Sie ihm, welche Konsequenzen daraus entstehen (z. B. Entzug von Vergünstigungen, von Zuwendung – nicht aber von Liebe!).

Bedenken Sie: Kaum jemand, vermutlich auch nicht Sie, ist durch abwertende Kritik, durch Ablehnung und Aburteilen zu motivieren, sein Verhalten zu ändern! Stärken und stabilisieren Sie Ihr Kind durch Anerkennung. Anerkennung hat nichts mit Verzärteln und Lobhudelei zu tun. Anerkennung, im Sinne eines positiven Feedbacks (einer positiven Rückmeldung), sollte dem Kind nach folgenden Punkten (sooft wie möglich!) vermittelt werden:

– Beziehen Sie sich auf eine konkrete Situation, beschreiben Sie diese kurz.
– Nennen Sie, was Sie bei Ihrem Kind beobachtet haben, was Ihnen positiv aufgefallen ist und was das Ihres Erachtens über das Kind, über seine Qualitäten, Fähigkeiten, guten Eigenschaften, aussagt.
– Betonen Sie Ihr Empfinden und was diese Erkenntnis für Sie persönlich bedeutet. Heben Sie damit Ihre innige Beziehung zum Kind hervor.

Allein durch die Anerkennung erfüllen Sie bereits einige wesentliche Grundbedürfnisse: Jeder Mensch möchte erst genommen und geschätzt werden. Jetzt gilt es noch, sich im Verstehen des Kindes zu üben. Die Voraussetzung dafür wissen Sie bereits: die Fähigkeit, zwischen »Verhalten« und »Sein« zu unterscheiden, die seelischen Vorgänge, die Gefühle des Kindes zu erkennen und diese verständnisvoll anzusprechen. Damit ist nicht einer der üblichen Sätze gemeint, wie »Ich versteh' ja, daß du dich ... fühlst, aber du mußt doch einsehen, daß ...« Dem Kind etwas aus- oder einzureden, es in seinem Empfinden nicht ernst zu nehmen, ist weit vom wirklichen Verstehen des Kindes entfernt.

Gerade was die Gefühle betrifft, ist es äußerst wichtig, offen miteinander zu reden. Sie stechen damit weder in ein Wespennest, noch reißen Sie damit eine Wunde auf. Der beste Trost ist, verstanden zu werden! Und das gelingt nur, wenn die Gefühle vom anderen erkannt und ernst genommen werden.

Wenn Sie selbst sehr traurig sind: Wollen Sie, daß man Ihnen Ihr Empfinden ausredet, es Ihnen untersagt, es bagatellisiert, Sie in Frage stellt? Sicher nicht! Die üblichen Reaktionen »So schlimm ist das ja gar nicht«, »Reiß dich zusammen«, »Lenk dich ab, steigere dich nicht so hinein«, »Es wird schon wieder«, »Es gibt Tragischeres« usw. machen Sie wahrscheinlich noch trauriger, im besten Fall wütend.

Nur das Annehmen, das Bejahen des Gefühls (ohne es zu dramatisieren) durch die simpelste, banalste Reaktion, wie z. B. »Du bist traurig, nicht wahr? Ich kann mir vorstellen, daß so eine Enttäuschung sehr weh tut« ist unmittelbar mehr Hilfe als der beste Ratschlag. Lassen Sie sich durch das Verhalten nicht davon ablenken, nach dem Gefühlshintergrund zu forschen. Sprechen Sie verständnisvoll die Gefühle an, bevor Sie sich auf das Verhalten beziehen und Lösungsmöglichkeiten anbieten.

Vergessen Sie nicht, daß Sie dem Kind als Modell dienen. Leben Sie daher auch dem Kind vor, wie man mit Gefühlen umgeht. Reagieren Sie nicht nur in bestimmter Weise aufgrund eines Gefühls, sprechen Sie Ihr Empfinden auch unmißverständlich als klare Information aus. Stehen Sie zu Ihren Gefühlen. Zeigen Sie dem Kind, daß es keine Schwäche ist, Gefühle zu haben, daß Gefühle immer richtig sind. Nur wer Gefühle erkennt und bejaht, der kann damit umgehen lernen. Er verhindert den »Ventileffekt« falschen Verhaltens aufgrund eines nicht steuerbaren Überdrucks von aufgestauten Gefühlen.

Wertschätzung durch Anerkennung, Verstehen und Verständnis, indem die Gefühle angesprochen werden – damit gelingt es leichter, Ihr Kind zu motivieren, anzuspornen, es zu stärken.

In diesem Sinne möchte ich mein Buch verstanden wissen.

Fernsehen nach Maß

Der verrückte Fernsehapparat

(siehe Märchen Seite 11)

Das Fernsehen wird als »Kommunikationskiller« oft verdammt. Die Lösung muß jedoch nicht bedeuten, das Fernsehgerät aus dem Haushalt zu verbannen. Ein kritisch ausgewähltes Fernsehprogramm und anschließende Gespräche über das Geschehene sind durchaus als kommunikationserweiternd zu werten.

Fernsehen mit Maß und Ziel zu bewirken, ist jedoch besonders dann äußerst schwierig, wenn einerseits die Eltern selbst ständig das Fernsehgerät eingeschaltet haben und andererseits das Kind bis dahin nicht sanft gelenkt wurde. Plötzlich die Fernsehzeit einzuschränken, wird als Strafe empfunden und somit das Fernsehen noch begehrenswerter gemacht.

Fernsehgewohnte Kinder bringt man nur dann vom Apparat weg, wenn man ihnen ein attraktiveres Angebot machen kann. Aber lustvolle Beschäftigungen, die das Fernsehen überbieten, sind natürlich nicht täglich so leicht zu finden.

Wenn Sie also nicht rechtzeitig damit begonnen haben, die Auswahl bestimmter Fernsehsendungen und somit das eingeschränkte Fernsehen zur Routine werden zu lassen, dann gelingt eine Änderung des »Fernsehverhaltens« nur in kleinen Schritten.

Nehmen Sie diese Geschichte zum Anlaß, mit Ihrem Kind über seine Lieblingssendungen zu sprechen. Erfragen Sie, warum es gerade diese besonders mag, was dem Kind so daran gefällt. Die Informationen, die Sie dabei erhalten, geben Ihnen bereits Hinweise, wie Sie das Kind lenken und motivieren können, mit Ihnen gemeinsam eine kritischere Auswahl zu treffen. Reden Sie dabei dem Kind weder seinen Geschmack aus noch den Ihren ein. Fragen Sie nach seinen Motiven, und geben Sie konkrete Hinweise auf positive Beweggründe und Einstellungen des Kindes, die Sie mit erwünschten anderen Inhalten vergleichen. Nur so gelingt es, nach und nach die unkritische Haltung differenzierter werden zu lassen (– aber noch nicht, das Kind dazu zu bringen, freiwillig auf gewisse Sendungen zu verzichten!). Bedenken Sie dabei auch, daß der Einfluß von Freunden enorm ist. Gewisse Fernsehsendungen nicht sehen zu dürfen, bedeutet oft auch Prestigeverlust und die Gefahr, von den anderen Kindern ausgelacht, nicht ernst genommen zu werden.

»Belohnen« Sie die Wahl bestimmter Sendungen, indem Sie anschließend mit dem Kind darüber plaudern. Zeigen Sie sich interessiert, führen Sie das Gespräch auf heitere Weise. Es soll ein vergnüglicher Nachklang auf die bestimmte Sendung sein. Bei übertriebenem, unkritischem Fernsehgenuß hingegen geben Sie sich kühl und uninteressiert.

Danach kann der zweite Schritt zur Einschränkung der Fernsehzeit eingeleitet werden. Erstellen Sie mit dem Kind eine »Freizeitprogramm-Rangreihe« und eine »Genußbilanz«. Besprechen Sie, was es so alles an Beschäftigungen gibt, die dem Kind Spaß machen. Verlokken Sie das Kind mit neuen Ideen. Dieses Gespräch soll natürlich auch wieder vergnüglich sein.

Um die »Genußbilanz« ziehen zu können, überlegen Sie gemeinsam, was das Kind bis jetzt so richtig genossen hat und welches »Genußangebot« es noch im Alltag zu finden gibt. Genießen heißt, sich Zeit nehmen, alle Sinne darauf ausrichten, sich ganz und gar darauf einstellen. Jede Kleinigkeit kann zum Genuß führen: z. B. das Aussehen, der Duft und der Geschmack einer Erdbeere, das Streicheln und Liebkosen eines Plüschtieres usw. Und natürlich auch körperliche Zuwendung der Eltern, wie Rückenkraulen, Kuscheln usw.

Schreiben Sie all diese Beschäftigungs- und Genußmöglichkeiten auf ein Zeichenblatt. Regen Sie das Kind an, täglich einige Punkte davon auszuwählen. Zeigen Sie sich interessiert daran, wie es nun die Freizeit verbringen, was es alles machen wird. Bewundern Sie das Kind für seine Pläne – und natürlich besonders für deren Durchführung.

Erst jetzt, nach all diesen Vorbereitungsschritten, ist es sinnvoll, zu einer konkret vereinbarten reduzierten Fernsehzeit überzugehen. Besprechen Sie mit dem Kind das Fernsehprogramm des Tages, beziehen Sie sich auf die während der »Vorbereitungszeit« geäußerten Motive und Interessen des Kindes und auf seine von Ihnen bewunderten Einfälle und Aktivitäten. Lassen Sie das Kind die Lieblingssendung des Tages wählen, und kombinieren Sie das Genuß-, Aktivitäts- und Fernsehprogramm. Zwingen Sie das Kind nicht, auf weiteres Fernsehen zu verzichten, motivieren Sie es vielmehr, den vereinbarten Freizeitablauf freudig durchzuführen. Vergessen Sie nicht, Interesse zu zeigen und sich anerkennend zu äußern.

Eine Bitte: Seien Sie mit der vereinbarten Dauer und dem Zeitpunkt des Fernsehens flexibel. Es wäre brutal, noch vor Ende des Filmes das Gerät abzuschalten, nur weil die vorgegebene Zeit verstrichen ist.

Motivieren Sie das Kind, die Geschichte zu illustrieren. Das Zeichnen ist für das Kind ein Weg, über die Problematik nachzudenken, Empfindungen ohne Worte auszudrücken. Sprechen Sie mit ihm über die Zeichnung. Sie können dadurch bislang unausgesprochene Gedanken, Gefühle und Einstellungen des Kindes erfahren.

Ein behinderter Mitschüler in der Klasse
Der Zehnkampf
(siehe Märchen Seite 18)

Als ich Schuldirektorin war, nahmen wir geistig und körperlich Behinderte in der Schule auf. Viele Eltern äußerten Bedenken. Sie befürchteten, daß die Rücksichtnahme, die Behinderte benötigen, auf Kosten der gesunden Kinder gehen könne und daß der schulische Lehr- und Aktivitätsbetrieb eingeschränkt, das allgemeine Lern- und Leistungsniveau gesenkt werde.

Nach drei Jahren waren die Ergebnisse objektivierbar. Die Bedenken der Eltern bestätigten sich in keiner Weise. Die Kinder lernten – zusätzlich zum geforderten schulischen Lehrstoff –, sich sozialer zu verhalten. Die Rücksicht auf andere Bedürfnisse, auf reduzierte Fähigkeiten und Fertigkeiten, die zur Selbstverständlichkeit gewordene Unterstützung Schwächerer übte sie nicht nur im Sozialverhalten, es stärkte gleichzeitig ihr Selbstvertrauen. Einfühlungsvermögen, Verständnis, Rücksichtnahme, die Fähigkeit, Schwächen zu tolerieren und Schwächere zu integrieren, Qualitäten also, die später z. B. besonders einer Partnerschaft sehr zuträglich sind, finden im Zusammenleben mit Behinderten ihr tägliches Training. Solche Qualitäten werden im Alltagsgeschehen durch die meist vordergründig bestehende Konkurrenzsituation mit Geschwistern und Mitschülern weitaus weniger gefördert.

Beachten Sie auch, daß jede Form des Einfühlens in andere nicht nur als gute Eigenschaft anzusehen ist, sondern auch geistiges Training bedeutet. Der flexible Einsatz bestimmter Teilbereiche der Intelligenz, wie z. B. Vorstellungskraft und Kombinationsgabe, wird geübt – ein Vorteil, der sich auch auf andere intellektuelle Leistungen positiv auswirkt.

Natürlich gelingt diese Stärkung der Persönlichkeit, das ethische und geistige Training, nur unter Mithilfe von Eltern und Lehrern. Ohne Ihre Unterstützung, ohne erklärende Gespräche bleibt vielleicht die Tür zum Verständnis verschlossen, da die Kinder nur darauf konzentriert sind, ihren sozialen Stellenwert zu festigen, und somit Scheuklappen für die Bedürfnisse anderer aufgesetzt haben.

Lenken Sie die Sensibilität Ihres Kindes darauf, daß es versteht, wie sich die Beeinträchtigung Behinderter auswirkt, daß es diese auch berücksichtigt, aber deshalb Behinderte nicht als menschlich weniger vollwertig ansieht und behandelt.

Sie fördern also bei Ihrem Kind ein zukünftig konfliktfreieres soziales Verhalten, wenn Sie ihm aufzeigen, einen Menschen nicht nur aufgrund von Äußerlichkeiten zu beurteilen. Das Kind soll generell lernen, daß kein Mensch nur aus Schwächen besteht. Es soll erfahren, daß der zwischenmenschliche Kontakt allen Beteiligten leichter fällt und zum Erfahrungsgewinn wird, wenn man die Qualitäten und Stärken des anderen entdecken und sie schätzen kann.

Motivieren Sie das Kind, die Geschichte zu illustrieren. Das Zeichnen ist für das Kind ein Weg, über die Problematik nachzudenken, Empfindungen ohne Worte auszudrücken. Sprechen Sie mit ihm über die Zeichnung. Sie können dadurch bislang unausgesprochene Gedanken, Gefühle und Einstellungen des Kindes erfahren.

Ausländische Mitschüler in der Klasse
Die verzauberte Videokassette
(siehe Märchen Seite 28)

Wie auch immer Sie zur Ausländerproblematik stehen, was auch immer für gesellschaftspolitische Für und Wider es zu diesem Thema gibt: Sie wollen sicher vor allem an Ihr Kind denken und hier ausschließlich sein Wohlbefinden und seine Interessen vertreten sehen.

Wenn sie im Sinne Ihres Kindes handeln wollen, dann müssen Sie zukunftsorientierte Erziehungsziele ins Auge fassen. Was also wünschen Sie für Ihr Kind? Wie soll es später sein Leben gestalten? Vermutlich soll es tüchtig sein, sich durchsetzen und behaupten können. Es soll ein gewisses Maß an Bildung haben, um bei niveauvollen Gesprächen mithalten zu können und sich nicht zu blamieren. Es soll ein guter Partner und kinderliebend sein; es soll Familiensinn zeigen. Weiters soll es schwierige soziale Situationen meistern, sich im harten Konkurrenzkampf des Berufslebens bewähren, es soll auch verstehen, Menschen zu führen und mit den verschiedenen Charakteren von Chefs, Berufskollegen und Kunden gut umgehen können.

Um diese Ziele zu erreichen, sind gewisse Voraussetzungen notwendig: ein gefestigtes Selbstwertgefühl, geistige Flexibilität, Vorstellungsgabe, Einfühlungsvermögen; die Fähigkeit, sich ein- und umzustellen, Menschenkenntnis, Weitblick, um größere Zusammenhänge zu erkennen, vielseitiges Interesse und Offenheit, geschärfte Wahrnehmung. Erfahrungswerte müssen überdacht (reflektiert) und richtig eingeordnet werden. Es gilt, verschiedene Situationen und Verhaltensweisen zu verstehen und deren Hintergründe zu erfassen, Kenntnisse zu erwerben, den geistigen Horizont zu erweitern, mit Enttäuschungen umgehen und verzichten zu können. Selbstbeherrschung, Herzensbildung und Toleranz aufgrund »innerer Größe« sind weitere wichtige Voraussetzungen für ein weitgehend konfliktfreies Leben.

»Schön und gut«, werden Sie vielleicht denken, »was hat das mit den Ausländern zu tun? Um beim Kind diese Werte zu fördern, braucht man keinen ›Dragan‹ aus dieser Geschichte.«

Natürlich ist der Kontakt mit Ausländern nicht der einzig gangbare Weg zu diesen Zielen. In erster Linie lernt das Kind durch Sie, durch Ihren Einfluß, Ihr Vorbild. Aber das Kind übernimmt auch Einstellungen und Verhaltensweisen aus seiner alltäglichen Umgebung, aus dem sozialen Umfeld. Wie es diese verwertet, kann wiederum von Ihnen gelenkt werden.

Die Seele des Kindes ist ein aufnahmebereiter Humus, auf dem jede Saat aufgeht und sich weiterentwickelt. Das heißt, die Prägungen, die es durch Sie erfährt (falls Ihre Einflußnahme, Ihr Vorbild nicht vom Kind abgelehnt wird, so daß es konträren Vorbildern folgt), werden auf ähnliche Erlebnisse und Situationen übertragen: Wenn auch nur auf einem einzigen Gebiet Unverständnis, Egoismus und Intoleranz vorgelebt und nachvollzogen werden, dann erfaßt diese Einstellung auch andere soziale Bereiche!

Wie schon in der Geschichte über Behinderte in der Klasse erörtert, ist das Miterleben und Einfühlen in andere Lebens- und Verhaltensweisen nicht nur ein gutes Training für Berufs- und Privatbereiche, es verhindert darüber hinaus auch engstirniges, kurzsichtiges Denken und wirkt horizonterweiternd. Je vielschichtiger der Kontakt, die Gegenüberstellung mit anderen Menschen und Gebräuchen ist, desto größer werden der Erfahrungsgewinn und die Kritikfähigkeit, und desto differenzierter wird das Denken.

Ihr Kind ist tagtäglich mit ausländischen Mitschülern in Kontakt. Es liegt nun an Ihnen (und natürlich auch an den Lehrern), ob es davon im Sinne der obengenannten Qualitäten profitiert (und das ist völlig unabhängig vom Verhalten und vom Niveau der ausländischen Mitschüler!) oder ob es durch Intoleranz, durch pauschale Ablehnung, durch Haß ethisch und geistig eingeengt wird und dadurch im alltäglichen Zusammenleben kurzsichtig, engstirnig und streitsüchtig reagiert.

Motivieren Sie das Kind, die Geschichte zu illustrieren. Das Zeichnen ist für das Kind ein Weg, über die Problematik nachzudenken, Empfindungen ohne Worte auszudrücken. Sprechen Sie mit ihm über die Zeichnung. Sie können dadurch bislang unausgesprochene Gedanken, Gefühle und Einstellungen des Kindes erfahren.

Gegen aggressives Verhalten
Luri, das Wisnopinto-Kind
(siehe Märchen Seite 39)

Kein Kind verhält sich grundlos aggressiv. Wie schon im einleitenden Elternteil erwähnt, ist es wichtig, die seelischen Ursachen zu ergründen und zu beheben, statt nur das aggressive Verhalten zu ahnden.

Die Aggression ist zumeist der »Ventilöffner« für aufgestaute Gefühle unsicherer, überempfindlicher Menschen, die kaum mit Enttäuschungen oder Kritik umgehen können. Sie ist auch oft der Protest derjenigen, die nicht gelernt haben, zu verzichten und nachzugeben, die unbedingt ihren Willen durchsetzen müssen, die sich nur auf diese Weise behaupten können.

Dem Kind muß rechtzeitig geholfen werden, mit Gefühlen umgehen zu lernen (durch das entsprechende Vorbild der Eltern, durch verständnisvolles Ansprechen und Bejahen seiner Gefühle). Durch liebevolle Zuwendung, durch Anerkennung, aber auch durch Vorgeben und Einhalten von Richtlinien, erfährt es Geborgenheit und wird seelisch gestärkt.

Wenn aber die wertschätzende Grundlage fehlt, dann wird die Bereitschaft für aggressives Reagieren begünstigt. Die »pädagogische Maßnahme« (Strafen, Schimpfen, Kritisieren, aber auch gutes Zureden), die sich auf das aggressive Verhalten bezieht, ohne die Ursache zu beachten, fördert die Aggression anstatt ihr entgegenzuwirken. Außerdem hält der unmittelbar erzielte Erfolg des aggressiven Reagierens (Entladung der inneren Spannung, soziales »Echo«, z. B. dem Kind nachgeben oder es ins Zentrum der Aufmerksamkeit stellen) das aggressive Verhalten aufrecht.

Wenn Sie die Ursachen des aggressiven Verhaltens Ihres Kindes zu ergründen versuchen, sollten Sie auf keinen Fall vergessen, dabei auch Ihr eigenes Verhalten kritisch zu betrachten. Sie sind das lebende Vorbild des Kindes. Sie lehren daher auch indirekt das Kind, wie man mit Konflikten, mit Enttäuschungen, mit Ärger, Kränkungen usw. umgeht.

In dieser Geschichte habe ich bewußt das Verhalten der Hauptfigur Luri nur oberflächlich erwähnt, um die Aufmerksamkeit des Lesers eher auf das ursächliche Empfinden, auf die Summe von Gefühlen zu lenken. Ich wollte dabei also nicht das aggressive Verhalten in der üblichen, negativ erlebten Form betonen, sondern vorwiegend die seelischen Vorgänge, die häufig einem aggressiven Verhalten zugrunde liegen, hervorheben.

Marga hilft Luri, indem sie erkennt, wie er fühlt, und ihn akzeptiert, auf ihn und sein Empfinden eingeht, es verständnisvoll anspricht. Er wird von ihr ernst genommen, geschätzt, und Luri fühlt sich dadurch sicherer, nicht mehr unverstanden und allein gelassen. Auf diese Weise seelisch unterstützt, ist er gestärkt und darf es sich erlauben, über seine Gefühle nachzudenken, zu ihnen zu stehen. Somit wird ein Gefühlsstau, eine Überreaktion, verhindert.

Zweifeln Sie nicht daran, nur weil der Zusammenhang so simpel erscheint. Zum Glück sind die seelischen Grundbedürfnisse auf einen einfachen Nenner zu bringen. Werden diese Grundbedürfnisse (geschätzt, anerkannt, ernst genommen, in die Gemeinschaft eingebunden zu werden) erfüllt, können Verhaltensstörungen verhindert werden. Je mehr den Grundbedürfnissen eines

Menschen Rechnung getragen wird, desto geringer ist die psychische Labilität, desto weniger treten Unsicherheiten und Empfindlichkeit auf, desto »immuner« wird man gegen negative zwischenmenschliche Erlebnisse, Konfliktsituationen und Enttäuschungen.

Helfen Sie also Ihrem Kind, ein richtiges (weil berechtigtes) Selbstwertgefühl zur inneren Festigung, zum seelischen Wohlbefinden aufzubauen. Dadurch erhöht sich die Frustrationstoleranz (das Ertragenkönnen von Enttäuschungen), das erwünschte soziale Verhalten, die gute Einfügung in eine Gemeinschaft ist leichter erlernbar.

Übernehmen Sie die Art der Hilfe, die der älteste Wisnopinto am Ende dieser Geschichte vorschlägt.

Wie Luris Mutter täglich für Luri Anerkennung in den Baumstamm ritzt, so können auch Sie für Ihr Kind »Anerkennungs-Baumstämme« schaffen. Zeichnen Sie für jeden Tag einen Baumstamm, auf dem Sie die Anerkennung eintragen: Beziehen Sie sich konkret auf ein bestimmtes Verhalten des Kindes; äußern Sie sich anerkennend darüber, indem Sie betonen, welche Qualitäten und Fähigkeiten des Kindes sich in diesem Verhalten bestätigen. Zuletzt erwähnen Sie noch, was das Verhalten des Kindes für Sie gefühlsmäßig bedeutet, welche positiven Empfindungen dadurch bei Ihnen entstehen.

Hängen Sie die Baumstämme gut sichtbar an die Wand. Schaffen Sie einen »Anerkennungs-Wald«. Lesen Sie dem Kind allabendlich Ihre Eintragung liebevoll vor – auch dann, wenn Sie gerade, aus welchen Gründen immer, auf das Kind böse sind. Sogar bzw. gerade dann! Über den Weg berechtigter Anerkennung kann konstruktive, indirekte Kritik aufbauend wirken. Außerdem soll der Tag nicht mit einem Konflikt beendet, das Kind also nicht unversöhnt ins Bett geschickt werden.

Bedenken Sie, daß kaum jemand durch Kritik oder gar durch Strafe dazu motiviert werden kann, sein Verhalten freiwillig zu ändern.

Wenn Sie mit Hilfe dieses Anerkennungs-Spiels das Selbstwertgefühl des Kindes aufgebaut haben, wenn Sie dem Kind vorleben, wie man mit Konflikten richtig umgeht, wenn Sie auch noch die Gefühle ernst nehmen und diese verständnisvoll ansprechen, dann haben Sie eine gute Grundlage geschaffen, von der aus Sie direkt gegen das aggressive Verhalten des Kindes vorgehen können.

Üben Sie mit dem Kind ein, was es bei sich ankündigenden Aggressionen tun kann, damit es erst gar nicht zu aggressivem Verhalten kommen muß. Besprechen Sie die Zusammenhänge der belastend wirkenden Situationen und Enttäuschungen, »zerpflücken« Sie die ihnen zugrunde liegenden Gefühle. Beziehen Sie sich auf die im Anerkennungs-Spiel betonten Qualitäten und Fähigkeiten des Kindes, und zeigen Sie ihm auf, daß es sich auf diese Werte immer stützen, sie als eine Art »seelischer Rettungsanker« einsetzen und sich somit sicher und wohl fühlen kann.

Wählen Sie mit dem Kind eine kurze spannungslösende Handlung aus (z. B. parallel mit dem Ausatmen langsam bis drei zählen), die es bei sich ankündigenden Aggressionen sofort ausüben soll. Gleichzeitig soll es an einige seiner »Rettungsanker«, also an seine Qualitäten und Fähigkeiten, denken, durch die das Kind an Sicherheit gewinnt.

Gestalten Sie diese Übung spielerisch. Belohnen Sie jedes Gelingen mit einem kleinen Preis – und vor allem mit deutlicher Anerkennung. Durch den spielerischen Charakter übt das Kind das richtige Verhalten lieber ein.

Es wird dadurch angespornt, sich das neue, nicht aggressive Verhalten anzueignen.

Wenn sich das Kind wieder einmal aggressiv verhält, gehen Sie nicht auf das Verhalten ein. Denn gleichgültig ob Sie in positiver oder negativer Weise auf das Kind einreden, Sie stellen es dadurch nur aufgrund seines aggressiven Verhaltens ins Zentrum der Aufmerksamkeit und geben der Aggression somit Gewicht. Beziehen Sie sich statt dessen auf die bereits gelungenen Erfolge, heben sie diese anerkennend hervor. Anschließend sprechen Sie verständnisvoll mit dem Kind über die gefühlsmäßigen Zusammenhänge seines Verhaltens.

Erwarten Sie nicht, daß nie wieder Aggression auftreten wird. Jeder Mensch verspürt ab und zu Aggression. Das Ziel ist, daß das Kind mit seinen Gefühlen umzugehen lernt, Sicherheit erlangt und hochkommende Aggressionen nicht vehement entladen muß.

Motivieren Sie das Kind, die Geschichte zu illustrieren. Das Zeichnen ist für das Kind ein Weg, über die Problematik nachzudenken, Empfindungen ohne Worte auszudrücken. Sprechen Sie mit ihm über die Zeichnung. Sie können dadurch bislang unausgesprochene Gedanken, Gefühle und Einstellungen des Kindes erfahren.

Sparmaßnahmen, finanzielle Probleme
Globulo, der Globulianer vom Stern Globulus
(siehe Märchen Seite 51)

Finanzielle Probleme werden von den Eltern meist als ihr Problem betrachtet, an dem das Kind – wenn überhaupt – nur am Rande teilhat. Es ist ein großer Irrtum der Eltern, wenn sie meinen, daß alles, was sie hinter verschlossenen Türen erörtern, vor dem Kind verborgen bleibt.

Die Sorgen der Eltern lassen sich vor dem Kind nicht verbergen. Das Kind erfaßt Bruchstücke der Schwierigkeiten und bemerkt, daß die familiäre Atmosphäre verändert ist. Es kann nicht allein den Realitätsbezug herstellen und läuft so Gefahr, die Probleme überzubewerten, irritiert und verunsichert zu reagieren. Manche Kinder flüchten in Fantasien, andere wiederum blocken ab, sie ziehen sich in sich zurück oder werden im Gegenteil extrem anhänglich.

Egal um welche Probleme es sich handelt, das Kind muß darüber auf einfache, kindgerechte Weise informiert werden, ohne es mit globalen Aussprüchen wie »Wir müssen jetzt auf einiges verzichten« abzuspeisen. Sagen Sie nicht nur knapp, was los ist, sondern sprechen Sie vor allem darüber, an welche Lösungen Sie bereits gedacht haben. Zeigen Sie dem Kind, daß sich auch in einer schwierigen Lage gangbare Wege finden lassen, wenn die Familie nur zusammenhält. Betonen Sie das Gefühl der Zusammengehörigkeit, vermitteln Sie dem Kind dadurch Sicherheit.

Auf diese Weise schaffen Sie eine Grundlage, auf der es

leichter möglich ist, das Kind zur Mithilfe anzuspornen. Bedenken Sie jedoch, daß das Kind erst lernen muß, sich auf die veränderte Lebenssituation einzustellen. Dazu braucht es wieder Ihre Unterstützung. Beantworten Sie sich selbst jedoch zuerst die Fragen: »Was war mein Kind bis jetzt gewöhnt? Was ist ihm bereits zur Selbstverständlichkeit geworden? Welches Verhalten muß es ändern, worauf verzichten lernen? Welchen Beispielen (Familie, Schule, Fernsehen) ist es ausgesetzt? Welche Wertvorstellungen bestehen in unserer Familie, bei unserem Kind? Fördern wir das Konsumverhalten unseres Kindes? Wie leben wir ihm den Verzicht vor? Erscheint die Einschränkung durch unsere Reaktionen als etwas Negatives?«

Versuchen Sie, Ihr Verhalten den Antworten entsprechend auszurichten und dem Kind die nötigen Voraussetzungen zu bieten. Führen Sie das Kind in kleinen Schritten aus der bislang gewohnten Situation. Denken Sie dabei auch an das soziale Umfeld: Wenn Sie Ihrem Kind bis jetzt fast jeden Wunsch erfüllt, wenn Sie nichts gegen den Einfluß durch Werbefernsehen und Klassenkameraden unternommen haben, wenn nur Dinge, die dem Modetrend entsprechen, die zum Neuesten auf dem Markt zählen, geschätzt werden, dann ist vom Kind nicht zu erwarten, daß es plötzlich auf all das problemlos verzichten kann.

Setzen Sie neue Maßstäbe, heben Sie den Stellenwert der vorhandenen Spielsachen durch Ihr deutlich bekundetes Interesse daran, leben Sie Freude an kleinen Dingen vor. Regen Sie das Kind an, indem Sie jeden Verzicht belohnen (durch andere erfreuliche Angebote, wie z. B. ein gemeinsames Spiel, oder durch deutliche Anerkennung).

Motivieren Sie das Kind, die Geschichte zu illustrieren. Das Zeichnen ist für das Kind ein Weg, über die Problematik nachzudenken, Empfindungen ohne Worte auszudrücken. Sprechen Sie mit ihm über die Zeichnung. Sie können dadurch bislang unausgesprochene Gedanken, Gefühle und Einstellungen des Kindes erfahren.

Wenn die Eltern verreisen

Die Tränenkugel und der Liebesgrußkalender

(siehe Märchen Seite 64)

Von den Eltern getrennt zu sein löst bei vielen Kindern eine Reihe von belastenden Gefühlen aus: Angst, Sorge, Unsicherheit, Sehnsucht. Nicht nur übersensible Kinder sind davon betroffen. Vermutlich empfinden auch Sie ab und zu ähnlich, wenn einer Ihrer Lieben verreist. Sie wissen aus eigener Erfahrung, wie schwierig es – gerade während nächtlicher Stunden – ist, die Vernunft über die Gefühle zu stellen. Überdies haben Sie sicher schon selbst erfahren, daß gut gemeinter Zuspruch wie »Was soll denn schon passieren?! Gönn ihm/ihr doch die freien Stunden. Es sind doch nur ein paar Tage« Sie keineswegs von Ihren bedrückenden Gefühlen befreit. Wenn schon wir in der Vernunft geübten Erwachsenen Probleme haben, Gefühle zu steuern, wie dann erst ein Kind!

Teilen Sie Ihrem Kind Ihre Reisepläne nicht erst im letzten Moment mit. Besprechen Sie rechtzeitig die zu erwartende Situation, damit sich das Kind darauf einstellen kann. Stützen Sie möglicherweise auftretende oder zu erwartende Ängste ab, indem Sie z. B. – wie in dieser Geschichte vorgeschlagen – die Aufmerksamkeit des Kindes auf eine Symbolhandlung lenken, durch dic Ihre Zusammengehörigkeit betont wird.

Nehmen Sie das Unbehagen, das Aufkeimen von Unsicherheit und die Angst ernst. Reden Sie dem Kind diese Gefühle nicht aus, und reden Sie ihm auch nicht das von Ihnen erwünschte Empfinden ein. Scheuen Sie sich nicht davor, den wunden Punkt zu berühren, sprechen Sie also die zu erwartenden oder bereits auftretenden Gefühle direkt an, geben Sie dem Kind das Recht auf sein Empfinden. Das Kind kann erst dann Sicherheit durch Sie erlangen und Hilfe von Ihnen annehmen, wenn es in seinem Empfinden verstanden wird. Formulieren Sie also die seelischen Vorgänge, von denen Sie annehmen, daß Ihr Kind darunter zu leiden hat; zum Beispiel: »Du hast wahrscheinlich Angst, es könnte uns etwas passieren. Das ist oft ein unangenehmes Gefühl, wenn man nicht weiß, wo jemand ist, was er gerade tut, wie es ihm geht. Auch ich bin manchmal besorgt, wenn einer von uns weggefahren ist. Da stelle ich mir alles mögliche vor, was geschehen könnte, und denke in dem Moment gar nicht daran, daß der- oder diejenige völlig wohlauf und sicher fröhlich ist. Fühlst du dich ohne uns unsicher? Du wirst wahrscheinlich besonders am Abend Sehnsucht nach uns haben. Wenn man von jemandem, den man sehr gern hat, getrennt ist, dann sehnt man sich nach ihm. Wir werden auch Sehnsucht nach dir haben. Aber das finden wir gut so, denn da können wir besonders lieb an dich denken.«

Sie brauchen nicht zu befürchten, daß Sie dadurch das Kind in Gefühle hineinsteigern und es erst auf die Idee bringen, so zu empfinden. Ausgesprochene und verstandene Gefühle sind leichter abzustützen als solche, die im Verborgenen keimen oder deren berechtigte Existenz durch Aus- oder Einreden in Frage gestellt wird.

Stärken Sie das Kind, indem Sie das Liebhaben, die starke Verbundenheit, das gedankliche Beisammensein betonen.

Auch wenn Sie das Kind auf Ihre bevorstehende Abreise vorbereiten und es sich damit einverstanden erklärt, ist die Wahrscheinlichkeit groß, daß sehr wohl Ängste auftreten, wenn die Eltern fort sind. Greifen Sie den Vorschlag dieser Geschichte auf und erstellen Sie gemeinsam die »Liebesgrußkalender« (jeder einen für den anderen). Das Basteln und Bemalen der Kalender als gegenseitige Gabe lenkt ab und bringt die bevorstehende Trennung auf eine positiv Schiene, da die Konzentration auf die gegenseitige Zuneigung gelenkt wird. Der Kalender wird ritualisiert und zum Symbol des Liebhabens erhoben.

Während Ihrer Abwesenheit vermittelt der Kalender dem Kind, daß Sie ihm ganz nahe sind, daß auch Sie an das Kind liebevoll denken. Dennoch – oder sogar gerade deshalb – weint es vielleicht. Sie helfen dem Kind nicht, wenn Sie es durch Ablenken oder Trostsprüche so zu beruhigen versuchen, daß nur ja nicht das wirkliche Empfinden der Trauer, der Angst zum Vorschein kommt.

Dem »Babysitter« ist zu raten, daß er nicht auf das weinende Kind einredet, in der Meinung, es damit zu trösten. Er würde dadurch nur das Weinen verstärken. Hier gilt wieder, daß Gefühle einfach verständnisvoll angesprochen werden sollen. Wenn das geschehen ist, sollte er die Aufmerksamkeit des Kindes auf die Liebesgrüße der Eltern bzw. auf die vom Kind erstellten Liebesgrüße für die Eltern lenken und ausführlich mit ihm über die schöne Beziehung sprechen.

Motivieren Sie das Kind, die Geschichte zu illustrieren. Das Zeichnen ist für das Kind ein Weg, über die Problematik nachzudenken, Empfindungen ohne Worte auszudrücken. Sprechen Sie mit ihm über die Zeichnung. Sie können dadurch bislang unausgesprochene Gedanken, Gefühle und Einstellungen des Kindes erfahren.

Angst vor dem Krankenhausaufenthalt, Trennungsangst
Das fröhliche Krankenzimmer
(siehe Märchen Seite 72)

Keiner von uns läßt sich freudig in ein Krankenhaus einweisen. Wenn man noch dazu das erste Mal in einem Spital aufgenommen werden soll, dann vergrößert sich die ohnehin schon vorhandene Angst auch noch durch jene Unsicherheit und Irritation, die eine völlig unbekannte Situation auslöst. Beim Kind kommt sogar noch eine psychische Belastung dazu: der Trennungsschmerz.

Wenn ihrem Kind also ein Krankenhausaufenthalt bevorsteht, müssen Sie gegen die Angst vor der Behandlung, gegen die Angst vor der unbekannten Situation, gegen die Angst vor der Trennung rechtzeitig vorgehen.

Versuchen Sie, das Kind mit dem Spitalsbetrieb vertraut zu machen. Rollenspiele, detaillierte Schilderungen, Geschichten wie »Das fröhliche Krankenzimmer« und Krankenhausbesuche helfen dabei.

Die Angst vor einer schmerzhaften Behandlung (meistens ist es die Angst vor Spritzen, da sich das Kind kaum andere Behandlungen vorstellen kann) können Sie nur verringern, wenn sie, wie Sie bereits wissen, dem Kind die Angst nicht absprechen und auszureden versuchen. Es ist damit natürlich nicht gemeint, daß Sie die Situation dramatisieren und das Kind darin bestärken sollen, daß Fürchterliches zu erwarten ist. Wenn das Kind die Angst äußert, dann sagen Sie ihm, daß es vollkommen klar ist, daß man sich beim Gedanken an ein Spital nicht wohlfühlt, daß der kurze Piekser einer Spritze unangenehm sein kann. Zeigen Sie dem Kind kleine Hilfen, wie zum Beispiel: »Du kannst die Angst herausblasen. Wenn du eine Spritze bekommst, mach vorher schnell eine fest Faust, und dann entspannst du sie sofort und bläst gleichzeitig langsam, aber kräftig Luft aus. Komm, üben wir es einmal. . . . Sehr gut. Wenn du dich fest darauf konzentrierst, dann spürst du den Stich nur für einen kurzen Augenblick. Bevor er so richtig weh tun kann, ist es schon vorbei.«

Um dem Kind den Kummer der Trennung erträglicher zu machen, könnten Sie den Tip der Geschichte übernehmen: die »Stellvertreter-Gabe«. Hier geht es wieder darum, durch eine rituelle Handlung und durch ein Symbolobjekt dem Kind zu vermitteln, daß auch bei Trennung eine feste Beziehung besteht, aus der man Kraft schöpfen kann. Die starke seelische Bindung wird betont und dadurch die Sicherheit gefördert.

Wie beim »Liebesgrußkalender« ist es auch hier wichtig, daß das Kind den Eltern ein Symbolobjekt übergibt. Das Kind erlebt dadurch, daß die Eltern ein ähnliches Empfinden haben, aber daß sie schon allein durch die Zuneigung des Kindes getröstet werden. Das Vertrauen wird dadurch erhöht, und das Vorbild der Eltern, wie sie sich in solchen schwierigen Situationen helfen, indem sie sich auf die schönen Gefühle zueinander konzentrieren, leichter akzeptiert.

Motivieren Sie das Kind, die Geschichte zu illustrieren. Das Zeichnen ist für das Kind ein Weg, über die Problematik nachzudenken, Empfindungen ohne Worte auszudrücken. Sprechen Sie mit ihm über die Zeichnung. Sie können dadurch bislang unausgesprochene Gedanken, Gefühle und Einstellungen des Kindes erfahren.

Gegen Unsicherheit, soziale Hemmungen
Der kleine Schornsteinfeger
(siehe Märchen Seite 81)

Wenn Ihr Kind allzu still, brav und angepaßt ist, sollten Sie überprüfen, ob es ihm nicht an Selbstsicherheit mangelt.

Wie sicher sich jemand fühlt und wie sicher er daher vor anderen Menschen auftreten kann, hängt von seinem erworbenen Selbstwertgefühl und seinem erlernten sozialen Verhalten ab. Ein Kind gewinnt Selbstsicherheit (soziale Kompetenz) durch folgende Lernprozesse:
– durch konkrete Anerkennung, durch positive Rückmeldung auf ein bestimmtes Verhalten, durch deutliche Wertschätzung seiner Person, durch Eingehen auf sein Erleben, durch Ernstnehmen seiner Empfindungen und Gefühle (bereits im dritten Lebensjahr des Kindes, im Alter des bewußten »Ich-Erlebens«, sollten die Eltern trachten, dies zum wichtigsten Erziehungsziel zu erheben); autoritäre, einengende, bevormundende und abwertende Eltern werden ihrem Kind kaum ermöglichen, zu einem gesunden Selbstwertgefühl zu gelangen;
– durch Lernen am Modell der Eltern, also durch das Vorbild offener, kontaktfreudiger Eltern, die Fehler zugeben und Schwächen eingestehen können; wenn Eltern jedoch gehemmt und unsicher sind und sich scheuen, mit anderen Personen in Kontakt zu treten, wenn sie sich vorwiegend nach der Meinung anderer richten (»Was werden die Nachbarn sagen?!«), dann hat das Kind keine Möglichkeit anhand eines entsprechenden Modells Selbstsicherheit zu erwerben;

– durch Einfluß von Freunden und Lehrern (ebenso durch Anerkennung und Modellernen);
– durch Erfolgs- oder Mißerfolgserlebnisse (z. B. Beachtung oder Ablehnung) als unmittelbare Antwort auf ein bestimmtes Verhalten bei Kontakten mit anderen Menschen.

Wie stark sich der Einfluß anderer oder ein Mißerfolgserlebnis auf die Selbstsicherheit auswirkt, das hängt von der »Seelen-Basis« des Kindes ab, die Eltern durch Wertschätzung und Anerkennung mehr oder weniger gut gefestigt haben.

Wenn Ihr Kind – ähnlich dem Jungen in dieser Geschichte – sozial gehemmt ist, forschen Sie nach, ob diese Unsicherheit vielleicht durch ein negatives Erlebnis, durch unangenehme Erfahrungen mit Lehrern, Mitschülern oder Freunden verursacht oder aufrechterhalten worden ist. Sprechen Sie mit Ihrem Kind darüber, und stehen Sie ihm verständnisvoll und unterstützend zur Seite: Zeigen Sie ihm also, daß Sie seine Angst, seine Scheu verstehen, und beziehen Sie sich ermutigend auf seine liebenswerten Persönlichkeitsmerkmale, auf sein positives Verhalten, auf angenehme, erfolgreiche Erfahrungswerte aus anderen sozialen Situationen.

Wenn die Unsicherheit bereits ein erlerntes Verhalten ist, dann sind folgende Hilfestellungen – ähnlich wie in dieser Geschichte beschrieben – erforderlich: Als Basis gilt es, das Selbstwertgefühl aufzubauen und zu festigen, indem Sie sich anerkennend und wertschätzend äußern. Damit darauf nicht im Alltagsgeschehen zu oft vergessen wird und damit die positive Rückmeldung eine besondere Bedeutung erhält, möchte ich Ihnen raten, ein »Anerkennungsheft« zu führen: Die Eltern tragen darin täglich ein von ihnen beobachtetes Verhalten des Kindes ein. Sie notieren, was sie – konkret auf das Kind bezogen – daran anerkennens- und schätzenswert finden (In der Situation hast du dich so und so verhalten. Das zeigt mir, daß du . . . bist, das sagt das und das über dich aus.). Vergessen Sie nicht, Ihr persönliches Empfinden, also Ihre Freude, Ihr Vertrauen auf Grund des schätzenswerten Verhaltens des Kindes, anzuführen. Diese Aufzeichnungen werden allabendlich dem Kind vorgelesen und mit Zuneigung und dem Tenor »Ich glaube an dich! begleitet.

Durch die Unsicherheit meidet das Kind Kontakte mit weniger vertrauten Personen. Es ist daher ungeübt im Umgang mit Menschen (»Lerndefizite im Sozialverhalten«), kann sich nicht durchsetzen und nicht Konflikte mit anderen austragen. Das Kind lernt nicht, sich an Gesprächen zu beteiligen, die eigene Meinung zu vertreten und zu behaupten. Es überschätzt die anderen und unterschätzt sich selbst. Das gehemmte Kind macht sich zum Außenseiter, zum »Mauerblümchen«, und nimmt sich damit weiterhin die Möglichkeit, den Lernmangel im sozialen Verhalten zu beheben.

Durch die nächste Hilfestellung soll nun dieser Erfahrungs- und Trainingsmangel Schritt für Schritt behoben werden: Es ist vorerst einmal erforderlich, die Überbewertung anderer aufzulösen. Helfen Sie Ihrem Kind, hinter die Kulissen bestimmten Verhaltens zu schauen (siehe in der Geschichte: Beobachtung der Kinder durch den Schornstein). Besprechen Sie mit ihm den häufig auftretenden Unterschied zwischen »Verhalten« und »Sein« anhand von konkreten Beispielen (wer sich wütend gebärdet, kann verärgert oder enttäuscht oder verletzt oder gekränkt sein – Beispiele aus dem Alltag des Kindes bringen).

Wenn nun Selbstbild und Fremdbild ausgewogener erlebt werden können, motivieren Sie das Kind dazu, kleine soziale Übungen durchzuführen (aber nur solche, bei denen Sie sicher sind, daß es diese bereits gut bewerkstelligen kann, z. B. eine Frage an einen ruhigen, sympathischen Mitschüler stellen; jemanden nach der Uhrzeit oder nach dem Weg fragen usw.). Äußern Sie sich wieder anerkennend und wertschätzend, erfragen Sie das Empfinden des Kindes. Diese Übungen sollen stufenweise im Schwierigkeitsgrad erhöht werden. Um das Training spielerisch und motivierender zu gestalten, können Sie – wie in der Geschichte – auch einen Glücksbringer einsetzen und nach jeder erfolgreich absolvierten Übung Glücksbringer-Symbole auf ein Blatt zeichnen oder aufkleben. Dieses Blatt soll wie ein Poster an die Wand aufgehängt werden. Die Erfolge werden dadurch »greif- und sichtbarer«, sie wirken ermutigend und anspornend.

Motivieren Sie das Kind, die Geschichte zu illustrieren. Das Zeichnen ist für das Kind ein Weg, über die Problematik nachzudenken, Empfindungen ohne Worte auszudrücken. Sprechen Sie mit ihm über die Zeichnung. Sie können dadurch bislang unausgesprochene Gedanken, Gefühle und Einstellungen des Kindes erfahren.

Mit Versagen und Enttäuschung umgehen lernen, verlieren können

Der weiße Geist Huh

(siehe Märchen Seite 92)

Fast in allen Familien ist es üblich, Klein- und Vorschulkinder sowie Schulanfänger bei Spielen gewinnen zu lassen. Dagegen ist nichts einzuwenden, wenn die Eltern dabei folgende Erziehungsrichtlinien beachten:

– Das Kind muß rechtzeitig lernen, sich um Erfolg zu bemühen. Es wird nur dann anstrengungsbereit sein, wenn das Ziel und der Weg dorthin nicht allzu leicht zu erreichen sind. Es soll lernen, daß nicht jeder Erfolg gleich zu werten ist, es soll zwischen wichtigen und unwichtigen Zielen unterscheiden können.

– Die Wertschätzung des Kindes darf nicht ausschließlich dadurch bestimmt werden, ob und wie oft es zu den Gewinnern, zu den Siegern, zählt. Das Kind muß erleben, daß es, wenn es verliert oder versagt, ebenso geschätzt und geliebt wird, daß es seinen Stellenwert nicht einbüßt.

Im sechsten Lebensjahr entwickelt sich das »Regelbewußtsein« des Kindes. Es bedarf daher klarer Richtlinien. Das Kind unterstellt sich gerne genauen Anleitungen und Spielregeln, wobei es streng darauf achtet, daß diese von den anderen strikt eingehalten werden. Spätestens ab diesem Alter darf man das Kind nicht mehr auf jeden Fall gewinnen lassen. Es soll sich den Sieg erarbeiten, indem es sich bemüht und die Regeln befolgt – ein Lernschritt, der für den Schuleintritt sehr wichtig ist.

Je übersteigerter der Ehrgeiz des Kindes, je geringer das Selbstvertrauen, die Selbstsicherheit ist, desto mehr richtet sich das Kind nur noch auf das Gewinnenmüssen aus. Es kann Mißerfolge nicht verkraften und neigt daher zum Schwindeln. Der übertriebene Ehrgeiz bzw. das Ziel, unbedingt erfolgreich sein zu müssen, überträgt sich auf alle Leistungsbereiche. Das Kind fühlt sich nur bestätigt, wenn es an der Spitze steht. Wenn es einmal versagt oder verliert, dann stellt es sich total die Frage, fühlt sich verunsichert und glaubt, mißachtet zu werden. Eine Überreaktion (Trotz, Aggression, Weinen, Sich-Verschließen, Nicht-mehr-mitmachen-Wollen und Sich-nicht-mehr-anstrengen-Wollen ...) ist die Folge.

Wie können Sie dem Kind helfen?

Überprüfen Sie, wie Sie selbst mit Erfolgen und Mißerfolgen umgehen, welches Vorbild Sie dem Kind bieten. Wie weit verstehen Sie es, das Kind anzuspornen, ohne es durch übertriebenen Ehrgeiz zu überfordern oder es unter permanenten Leistungsdruck zu stellen?

Helfen Sie dem Kind, bereits Freude am Weg zum Ziel zu haben. Nehmen Sie nicht nur das Ziel wichtig, sondern anerkennen Sie jeden Schritt in Richtung Ziel. Das heißt: Erwarten Sie nicht gleich perfekte Leistung, äußern Sie sich auch dann lobend, wenn das Kind sich bemüht, wenn es beim Spiel, beim Sport und anderen Tätigkeiten mitmacht. Der Spaß, die Freude sollen im Vordergrund stehen und entsprechend unterstützt werden.

Nehmen Sie ungeschicktes Verhalten, Fehler und Versagen nicht tierisch ernst. Beziehen Sie sich auf kleine Teilerfolge oder auf Fähigkeiten und Qualitäten, die das Kind in anderen Bereichen zeigt, und heben Sie diese anerkennend – und somit ermutigend – hervor.

Das Kind soll sich richtig einschätzen lernen, es soll wissen, was es kann und wo es weniger talentiert ist. Dieser Lernschritt ist nicht nur durch Erfahrung zu erreichen, das Kind bedarf Ihrer Rückmeldung. Äußern Sie sich aufwertend, ermutigend und zeigen Sie dem Kind auf, daß es keine Schande bedeutet, wenn man in einigen Bereichen zu den Schwächeren zählt. Wichtig ist, daß man sich dabei seine Fähigkeiten und Qualitäten bewußt macht, um nicht das Selbstvertrauen und damit die Freude an verschiedenen Tätigkeiten zu verlieren.

Motivieren Sie das Kind, die Geschichte zu illustrieren. Das Zeichnen ist für das Kind ein Weg, über die Problematik nachzudenken, Empfindungen ohne Worte auszudrücken. Sprechen Sie mit ihm über die Zeichnung. Sie können dadurch bislang unausgesprochene Gedanken, Gefühle und Einstellungen des Kindes erfahren.

Aufklärung
Wir spielen Mutter-Vater-Kind
(siehe Märchen Seite 102)

Schon im dritten Lebensjahr, im Alter der »Ich-Findung«, ist ein bewußtes Körperinteresse gegeben. Das Spielen mit den Geschlechtsteilen ist völlig normal und soll von den Eltern dementsprechend registriert werden. Tritt jedoch ein intensives Reiben an den Geschlechtsteilen auf, dann sollten die Eltern überprüfen, ob nicht eine seelische Ursache vorliegt (innere Spannung durch unverarbeiteten Kummer, Mangel an Zuneigung, Unsicherheit).

Ab dem fünften Lebensjahr will der eigene Körper sowie der Unterschicd zum anderen Geschlecht noch genauer entdeckt werden. Die sogenannten »Doktorspiele« sind ein von den Kindern beliebtes Mittel dazu. Manche Eltern reagieren schockiert, wenn sie die Kinder beim »Doktorspiel« ertappen. Es gibt absolut keinen Grund zur Besorgnis, da solche Betätigungen dem natürlichen Interesse entsprechen. Diese müssen jedoch für Sie das Signal sein, dem Kind die entsprechende Erklärung zu geben.

Das Thema Aufklärung darf also nicht dem Zufall und der kindlichen Fantasie überlassen werden. Ab wann Sie mit dem Kind über das Thema sprechen sollen, ist durch Beobachtung des Verhaltens leicht zu erkennen. Der Zeitpunkt für jede Information läuft »parallel« zu den entwicklungsbedingten Interessen des Kindes. Die Sexualität soll keinesfalls überbewertet werden, dies wäre genau schlecht, wie sie scheu zu ignorieren.

Viele Eltern sind unsicher, wie sie mit dem Kind über Sexualität sprechen sollen und wieviel an Information erforderlich ist. Hier gilt zuerst einmal die einfache Formel: Geben Sie die Antwort und Erklärungen so, wie Sie vom Kind gefragt werden. Das heißt, daß Sie sich weder ausweichend noch »überinformativ« äußern sollen, daß Sie dem Kind die Erklärung abgeben, die dem Niveau der Frage und daher dem Entwicklungsstand des Kindes entspricht. Ob Sie ausreichend geantwortet haben, erkennen Sie daran, ob sich Ihr Kind damit zufriedengibt, ob es damit etwas anzufangen versteht. Achten Sie also auch auf die Reaktion Ihres Kindes, um gegebenenfalls die Erklärungen zu erweitern.

Manche Eltern meinen, daß ihr Kind noch keine Aufklärung braucht, da es keine diesbezüglichen Fragen stellt. Ob nun tatsächlich kein Interesse vorhanden ist oder es daran liegt, daß das Kind genau spürt, wie unangenehm den Eltern solche Fragen sind, das können nur die Eltern selbst überprüfen. Grundinformation ist auf jeden Fall erforderlich, auch wenn das Kind keine konkreten Fragen stellt. Das Kind schnappt Ausdrücke auf, legt sie nach der eigenen Vorstellung aus, schmückt das Thema phantasievoll aus, spricht mit Gleichaltrigen darüber, erhält dadurch verzerrte Bilder. Das Thema Sexualität gewinnt so eine Bedeutung, die weit über ihren natürlichen Stellenwert hinausgeht.

In welchem Alter gibt man welche Grundinformationen? Da das Aufklärungsniveau auch vom sozialen Umfeld (z. B. ältere Geschwister) abhängt, sind hier keine allgemeingültigen genauen Angaben möglich. Generell gilt jedoch, daß das Kind – wie auch bei anderen Wissensgebieten des täglichen Lebens üblich – vor Schuleintritt die genauen Bezeichnungen der Geschlechtsorgane kennen und über Schwangerschaft und Geburtsakt Bescheid wissen sollte. Der Zeugungsakt an sich braucht erst ab dem Schulalter erklärt zu werden, falls das Kind nicht schon früher danach fragt.

Leben Sie dem Kind Zärtlichkeit vor. Es soll erfahren, daß Sexualität nicht nur einem körperlichen Bedürfnis entspricht, sondern vor allem der Liebe zwischen Mann und Frau zugrunde liegt.

Motivieren Sie das Kind, die Geschichte zu illustrieren. Das Zeichnen ist für das Kind ein Weg, über die Problematik nachzudenken, Empfindungen ohne Worte auszudrücken. Sprechen Sie mit ihm über die Zeichnung. Sie können dadurch bislang unausgesprochene Gedanken, Gefühle und Einstellungen des Kindes erfahren.

Wenn die Eltern streiten
Die Zauberbrille
(siehe Märchen Seite 113)

»Nur ja nicht vor dem Kind streiten. Es soll durch den Konflikt der Eltern nicht belastet werden!« Das ist eine weitverbreitete Meinung bemühter Eltern. Gerade Erwachsene, die selbst als Kind Zeugen häuslichen Krachs gewesen sind, versuchen, ihren Disput möglichst hinter verschlossenen Türen auszutragen, um ihrem Kind ähnlichen Kummer zu ersparen.

Zweifelsohne leidet das Kind unter dem Streit der Eltern. Es ist der gespannten Atmosphäre ohnmächtig ausgeliefert, es wird verunsichert, irritiert, und es entwickelt Ängste. Meist ergreift das Kind auch noch Partei für einen Elternteil, stellt sich gegen den anderen, und diese emotionelle Reaktion stürzt das Kind wiederum in Konflikte. Das Vertrauensverhältnis zu beiden Elternteilen ist gestört, das Kind kann keine Geborgenheit erleben und ist auch dadurch erheblich seelisch belastet.

Bagatellisieren Sie nicht das seelische Erleben des Kindes, sehen Sie das Kind nicht als Außenstehenden – und somit als Unbeteiligten – bei Ihrem Streit an. Sie wissen sicher aus eigener Erfahrung, wie sehr Ihr Wohlbefinden darunter leidet, wenn Sie auch nur als Beobachter gezwungen sind, den Streit eines mit Ihnen befreundeten Paares entweder direkt oder dessen Auswirkungen mitzuerleben.

Heißt das nun, daß Sie auf jeden Fall Streitereien vor dem Kind vermeiden müssen? Dies ist wohl kaum zu erreichen und auch nicht zweckmäßig. Da sich Streit nicht nur in Worten zeigt, sondern auch durch Körpersprache ausdrückt, ist er nicht zu verbergen. Ein »kaschierter« Streit der Eltern mit schwer zu deutenden Signalen über ihren psychischen Zustand wird oft weitaus irritierender und verunsichernder vom Kind erlebt als offen ausgetragener Zwist.

Wenn das Kind Zeuge Ihres Streites ist, dann muß es unbedingt auch Ihre Versöhnung miterleben dürfen. Es soll erfahren, daß trotz harter oder emotionsgeladener Worte eine positive Grundlage in der Beziehung besteht, so daß bei Streit ein positiver Ausgang durchaus herbeizuführen ist. Das Kind sollte also anhand Ihres Vorbilds erlernen, wie man mit Konflikten umgeht.

Leicht gesagt und – für viele – schwer getan. Wissen Sie, mit Ihren Konflikten umzugehen?

Zuerst ist es wichtig, daß Sie bei sich eine Gefühlsblokkade verhindern. Jeder Streit löst eine Unmenge von gefühlsbesetzten Gedankenverbindungen (Assoziationen) aus, die eigene Erfahrungen, Kindheitsprägungen, Einstellungen zu sich und anderen aktivieren. Jedes Wort des Partners/der Partnerin wird durch den eigenen Zerrspiegel erlebt und subjektiv gewertet. Damit die dadurch losgetretenen Emotionen nicht eine unkontrollierbare Eigendynamik entwickeln, ist es erforderlich, sich jedes einzelne Gefühl bewußt zu machen. Hinterfragen Sie, warum Sie so empfinden, ohne jedoch Begründungen vorzuschieben, wie »Weil er, sie ...« oder »Wegen ihm, ihr ...«. Gehen Sie nur vom »Ich« aus, es geht vorerst nur um Ihre persönliche Wertung der Situation. Erst wenn Sie Ihre Gefühle und deren Hintergründe erkannt und angenommen haben, dann überdenken Sie die vermutlichen Motive des Partners/der Partnerin. Ist es ein kalt berechnendes Quälen, eine bewußte Gemeinheit aus

Lust am Bösen? Wohl kaum! Würde davon nur ein geringer Teil zutreffen, dann müßten Sie sich selbst in Frage stellen, weil Sie es bislang an der Seite eines »Psychopathen« ausgehalten haben. Also ist anzunehmen, daß Nervosität, Ungeduld, Enttäuschung, Gekränkt- und Beleidigtsein, Überforderung, irgendeine psychische Belastung oder körperliches Unbehagen dieses negative Verhalten ausgelöst haben. Nun gilt es, die »innere Größe« aufzubringen (auch wenn das oft bedeutet, daß man glaubt, über seinen Schatten springen zu müssen) und den ersten Schritt zu machen. Schlagen Sie die Brücke zum anderen, indem Sie

– das eigene Empfinden als rein persönliches Erleben vorwurfsfrei und informativ äußern;

– die vermutlichen Gefühle des anderen ansprechen, nachfragen und Interesse an seinem Empfinden zeigen; sein Erleben ernst nehmen, nicht mit eigener Verteidigung dagegen anrennen; dem anderen keine Schuld zuweisen.

In dieser Geschichte hilft die Zauberbrille zu erkennen, daß hinter dem negativen Verhalten ganz andere Empfindungen stehen. Empfindungen, die eine positive Grundlage und eine positive Zielsetzung haben. Die Zauberbrille läßt sie transparent werden und führt so zum besseren gegenseitigen Verstehen.

Scheuen Sie sich nicht – im Sinne der Zauberbrille –, offen darüber zu sprechen, wodurch ein Streit wirklich ausgelöst wird, daß also durchaus positive Gefühle dahinterstecken können.

Beziehen Sie das Kind jedoch nicht so in Ihren Streit ein, daß Sie die Argumente des einen oder anderen Elternteils nochmals ausbreiten; und schon gar nicht, daß Sie sich als Opfer darstellen und vielleicht sogar die Attacken gegen den Partner/die Partnerin fortsetzen. Das Kind soll nur soweit es Ihre Gefühle und positiven, partnerschaftsbejahenden Intentionen betrifft, informiert werden.

Nehmen Sie die Geschichte auch zum Anlaß, dem Kind die Möglichkeit des Eingreifens zu geben. Da das Kind einerseits von den Eltern bei ihrem Streit als Außenstehender behandelt wird, der sich nicht einzumengen hat, andererseits jedoch psychisch sehr wohl davon betroffen ist, wird es in eine Ohnmachtsposition gedrängt. Sie können nicht jeden Streit im Beisein Ihres Kindes vermeiden. Helfen Sie ihm durch das Betonen der Zusammengehörigkeit. Vereinbaren Sie, daß es Ihnen ein Signal gibt, falls Sie nicht rechtzeitig daran denken sollten, den Konflikt in Anwesenheit des Kindes zu bereinigen. In Anlehnung an die Geschichte könnte es Ihnen das Symbolwort »Zauberbrille« als Zeichen geben als Signal dafür, daß jeder sein Empfinden dem anderen mitteilen muß, daß keine Schuldzuweisungen erfolgen, daß niemandem negative Motive unterstellt werden dürfen, daß die durch den Streit verschüttete Basis der Zuneigung wieder erkannt wird.

Motivieren Sie das Kind, die Geschichte zu illustrieren. Das Zeichnen ist für das Kind ein Weg, über die Problematik nachzudenken, Empfindungen ohne Worte auszudrücken. Sprechen Sie mit ihm über die Zeichnung. Sie können dadurch bislang unausgesprochene Gedanken, Gefühle und Einstellungen des Kindes erfahren.

Die Eltern sind geschieden
Die kleine, dicke Dame
(siehe Märchen Seite 120)

Die Scheidung vom Partner/von der Partnerin bedeutet gleichzeitig auch oft die Scheidung von den Kindern. Selbst wenn sich der von der Familie getrennt lebende Elternteil (zumeist der Vater) nicht von den Kindern abwendet und nach wie vor an ihrem Leben Anteil nimmt, so rutscht er doch leicht in die Rolle des Außenstehenden. Schon allein deshalb, weil er nicht mehr in den Erziehungsalltag eingebunden ist und Probleme, wenn überhaupt, nur am Rande miterlebt. In seinem Bestreben, dieses Defizit aufzuholen oder die Liebe der Kinder nicht zu verlieren, übernimmt er allzu oft die Rolle des »Wochenend-Weihnachtsmannes«: Konflikte werden tunlichst vermieden, den Kindern wird vieles nachgiebig erlaubt, Wünsche werden zu leicht erfüllt – ein Verhalten, das von der Hauptbetreuungsperson ärgerlich wahrgenommen und von Vorwürfen begleitet wird, aus Angst, die Kinder könnten verwöhnt und verzogen werden. Keine Sorge, Kinder verstehen zu unterscheiden! Sie wissen ganz genau, was sie sich wann, wo und bei wem erlauben dürfen. Etwaige Erziehungsfehler des anderen sind also leicht auszumerzen.

Manche »Wochenend-Väter«, die ihre neugewonnene Freiheit voll auskosten wollen, verhalten sich nach dieser »Weihnachtsmann-Rolle«. Jedoch eher aus dem egoistischen Motiv heraus, sich damit ihre Ruhe zu erkaufen. Sie unternehmen kaum etwas mit den Kindern, gehen nicht auf sie ein, sind froh über den »Babysitter Fernsehapparat«, wenn nicht die väterlichen Großeltern für Ablenkung sorgen.

Doch es gibt zum Glück auch Väter, die trotz der Trennung ihre Vaterrolle ernst nehmen, die sich, soweit es ihnen erlaubt ist, weiterhin ernsthaft um die seelische und geistige Entwicklung der Kinder kümmern.

Ein Appell an die Mütter: Egal zu welchem dieser Typen Ihr Ex-Mann zählt, Sie dürfen niemals den Vater vor den Kindern schlecht machen! (Natürlich darf auch der Vater die Mutter nicht abwerten.) Verhindern Sie, daß Sie rachsüchtig die Kinder als Mittel der Erpressung gegen den Vater einsetzen.

Kinder zeigen sich oft nach einem Besuchswochenende in ihrem Verhalten verändert. Mütter klagen darüber, daß sie einige Tage lang viel Geduld aufbringen müssen, um die Kinder wieder zu „normalisieren". Ziehen Sie daraus nicht voreilig den Schluß, daß den Kindern die Besuche nicht gut täten. Erforschen Sie lieber den eigentlichen Grund der seelischen Irritation, und sprechen Sie mit den Kindern verständnisvoll darüber.

Wenn Sie die Scheidung nicht verkraftet haben, wenn es Sie schmerzt, über den Ex-Partner/die Ex-Partnerin zu sprechen, dann äußern Sie dem Kind gegenüber Ihre Gefühle (ohne sich dabei in irgendeiner Form gegen den anderen zu richten!), und helfen Sie mit, daß zumindest bei Ihrem Kind ein positives Vater-(oder Mutter-)bild entstehen kann. Wer ein schlechter Partner war, muß deshalb noch lange kein schlechter Elternteil sein bzw. vom Kind nicht als solcher erlebt werden.

Das Kind soll die Möglichkeit haben, konfliktfrei über den anderen mit dem jeweiligen Elternteil zu sprechen. Wenn über wichtige Inhalte nicht geredet werden darf (und die Beziehung zu Vater und Mutter sind – hoffentlich – die wichtigsten Inhalte), dann ist das Vertrauensverhältnis gestört.

Vorsicht vor Eifersüchteleien! Beginnen Sie nicht, mit dem Partner/der Partnerin zu konkurrieren, Sie fördern damit nur, daß Sie von den Kindern gegeneinander ausgespielt werden.

Bedenken Sie, daß nur Sie sich vom Partner scheiden ließen, nicht aber Ihr Kind vom Vater oder von der Mutter. Zwingen Sie es also nicht, daß es Ihre Scheidung mit allen Konsequenzen nachvollziehen muß.

Statt eifersüchtig zu reagieren, wenn Sie die Sehnsucht des Kindes nach dem getrennt lebenden Elternteil bemerken, sollten Sie eigentlich froh darüber sein. Froh, daß eine gute Bindung Ihres Kindes zu einer wichtigen Bezugsperson besteht. Erlauben Sie dem Kind, sich über seine Sehnsucht auszusprechen. Unterdrückte Empfindungen beginnen zu »gären«, und abgesehen von den daraus entstehenden seelischen Nöten kann es zu einer Überbewertung des vom Kind getrennt lebenden Elternteils und zu einer Abwehr gegenüber der »Alltags-Bezugsperson« kommen.

Eine Trennung ist für ein Kind ohne intensive Unterstützung beider Elternteile nur schwer zu verkraften. Die Angst, verlassen zu werden, schwelt in der Seele.

Ein Kind aus geschiedener Ehe bedarf besonders deutlicher Zeichen der Wertschätzung und Zuneigung. Greifen Sie den Vorschlag des Symbolgeschenkes aus dieser Geschichte auf. Übernehmen Sie auch das Ritual der Übergabe, damit die Bedeutung des Symbolgeschenkes unterstrichen wird. Das Kind braucht einen »handfesten« Beweis der Verbundenheit. Das Symbolgeschenk wird zur »magischen Brücke« zum Vater/zur Mutter, und so wird die Sehnsucht, das Gefühl des Verlustes, das Fehlen des anderen leichter zu ertragen.

Ein Punkt, bei dem Sie jedoch der Geschichte zuwiderhandeln sollten: Ihr Kind soll sich nicht allein Erzählungen über den von ihm getrennt lebenden Elternteil ausdenken. Ihrem Kind zuliebe ist es Ihnen sicher möglich, die Rolle der »kleinen, dicken Dame« zu übernehmen und ein wahrer »Schutzengel« zu sein, der den Bedürfnissen des Kindes entspricht – auch dann, wenn das für Sie bedeutet, dem Kind Positives über Ihren Ex-Partner berichten zu müssen.

Motivieren Sie das Kind, die Geschichte zu illustrieren. Das Zeichnen ist für das Kind ein Weg, über die Problematik nachzudenken, Empfindungen ohne Worte auszudrücken. Sprechen Sie mit ihm über die Zeichnung. Sie können dadurch bislang unausgesprochene Gedanken, Gefühle und Einstellungen des Kindes erfahren.

Für Kinder von Alleinerziehenden, gegen Verlustangst
Die Fledermaus
(siehe Märchen Seite 126)

Alleinerziehende Mütter oder alleinerziehende Väter haben meist zu der ohnehin schon schwierigeren Situation noch zusätzlich mit dem Problem der Eifersucht des Kindes auf etwaige »Partnerschafts-Anwärter« zu kämpfen.

Der Alleinerziehende als wichtigste, wenn nicht sogar ausschließliche Bezugsperson wird für das Kind auch sehr oft als »Partner« erlebt, auf den es Besitzanspruch erhebt. Da es durch ihn allein Sicherheit und Geborgenheit vermittelt bekommt, wird jede andersgeschlechtliche Person, die vom Elternteil vermehrte Sympathie erhält, als Eindringling und sogar als Widersacher abgelehnt.
Die Angst, einen Teil der Liebe und Zuwendung zu verlieren, wirft das Kind aus dem seelischen Gleichgewicht. Es fürchtet, einen anderen Stellenwert in der Lebensgemeinschaft zu erhalten. Es hat Angst vor Veränderung des vertrauten Zusammenlebens, der gewohnten Lebensweise.

Viele Alleinerziehende haben mit diesen Eifersuchtsreaktionen ihres Kindes, die oft auch verzögert und unterschwellig auftreten und sich in Verhaltens- und Leistungsproblemen äußern, zu kämpfen. Das heißt jedoch nicht, daß es für beide Teile besser wäre, auf eine neue Partnerschaft zu verzichten.

Der zukünftige Partner/die zukünftige Partnerin kann sehr wohl äußerst positiv auf die seelische Entwicklung des Kindes wirken: als bereichernde Ergänzung der

Familie, als ausgleichender Gegenpol. Dazu aber muß Vertrauen aufgebaut werden.

Lassen Sie dem Kind Zeit! Verlangen Sie nicht, daß es Ihre Wahl sofort gutzuheißen oder den neuen Menschen sogleich ins Herz zu schließen hat. Erwarten Sie auch nicht vom Kind, daß es bei der Kontaktanbahnung mithilft oder sogar den ersten Schritt zum besseren Verstehen macht. Falls Ihr Kind Ihren zukünftigen Partner/die zukünftige Partnerin betont freudig aufnimmt, dann forschen Sie nach, wie ehrlich das gemeint ist, ob das Kind Ihnen nicht etwas vormacht, aus Angst, Ihre Liebe zu verlieren.

Es ist ausschließlich Sache der Erwachsenen, sich zu bemühen, ein Vertrauensverhältnis zwischen ihnen und dem Kind aufzubauen.

Fühlen Sie sich in die Ängste und Irritation des Kindes ein, nehmen Sie diese ernst. Sprechen Sie offen mit dem Kind über seine Seelennöte, ohne ihm dabei den »Neuen«/die »Neue« aufzuzwingen. Betonen Sie Ihre unerschütterliche Zusammengehörigkeit, die untrennbare Verbindung – den Wahrheitsgehalt Ihrer Worte demonstrieren Sie schon allein dadurch, daß Sie auf das Kind eingehen und Verständnis für seine Gefühle zeigen.

Gehen Sie behutsam, in kleinen Schritten vor, wenn Sie den Kontakt anbahnen. Es ist wohl selbstverständlich – zumindest solange das Vertrauensverhältnis nicht absolut gefestigt ist –, daß Sie sich nicht vor dem Kind als Liebespaar zeigen, bei dem sich der Dritte ausgeschlossen fühlt. Sie müssen sich aber auch nicht nur dem Kind allein widmen und auch nicht Ihre Sympathie für den neuen Partner verbergen (was ohnehin nicht gelänge, da das Kind dafür die besten »Antennen« besitzt und nur noch skeptischer würde). Zeigen Sie sich so natürlich wie möglich, äußern Sie sich wertschätzend über das Kind.

Geben Sie dem »Neuen« die Möglichkeit, sich interessiert (nicht aufdringlich!) an den Belangen des Kindes zu zeigen und deutliche Anerkennung (nicht Lobhudelei!) anzubringen. Auch für Ihren Partner/Ihre Partnerin gilt, daß er/sie die für das Kind schwierige Situation verständisvoll ansprechen und eigene Gefühle äußern soll, ohne dieses Thema aber zu zerreden.

Ein Tip für den neuen Partner/die neue Partnerin: Zwingen Sie dem Kind nicht Ihre Freundschaft auf, sondern bahnen Sie diese an. Vermeiden Sie, sich als Erzieher aufzuspielen, versuchen Sie auch nicht sofort, einen Elternteil zu ersetzen.

Wenn ein bißchen Zutrauen gewonnen ist, dann könnte – ähnlich wie in dieser Geschichte – ein freundschaftlicher »Geheimkontakt« zwischen Ihnen und dem Kind vereinbart werden (Zusenden oder Zustecken von Zeichnungen, von lustigen Mitteilungen, von Überraschungsklebern etc.). Rechnen Sie damit, daß das Kind nicht sofort strahlend zustimmt. Bedrängen Sie das Kind nicht, schmeicheln Sie sich nicht penetrant ein. Begründen Sie die Idee Ihres »Geheimkontakts« damit, daß Sie die Fremdheit, die noch zwischen Ihnen besteht, gern überwinden möchten. Erwähnen Sie, daß Sie sich freuen würden, wenn dadurch vielleicht sogar eine Freundschaft entstünde. Danach, ohne weiter darüber zu reden, beginnen Sie ganz einfach mit den Geheimbotschaften.

Motivieren Sie das Kind, die Geschichte zu illustrieren. Das Zeichnen ist für das Kind ein Weg, über die Problematik nachzudenken, Empfindungen ohne Worte auszudrücken. Sprechen Sie mit ihm über die Zeichnung. Sie können dadurch bislang unausgesprochene Gedanken, Gefühle und Einstellungen des Kindes erfahren.

dialog und praxis

Psychologie Analyse Therapie

Kathrin Asper:
Verlassenheit und Selbstentfremdung
Neue Zugänge zum therapeutischen Verständnis
dtv 35018

Verena Kast:
Wege aus Angst und Symbiose
Märchen psychologisch gedeutet
dtv 35020

Mann und Frau im Märchen
Psychologische Deutung
dtv 35001

Familienkonflikte im Märchen
Psychologische Deutung
dtv 35034

Wege zur Autonomie
Märchen psychologisch gedeutet
dtv 35014

Frederick S. Perls:
Das Ich, der Hunger und die Aggression
Die Anfänge der Gestalt-Therapie
dtv/Klett-Cotta
15050

Frederick S. Perls, Ralph F. Hefferline, Paul Goodman:
Gestalttherapie Grundlagen
dtv 35010

Gestalttherapie Praxis
dtv/Klett-Cotta
35029

Jean Piaget:
Das Weltbild des Kindes
dtv/Klett-Cotta
35004

Das Erwachen der Intelligenz beim Kinde
dtv/Klett-Cotta
15098

Jean Piaget:
Die Psychologie des Kindes
dtv/Klett-Cotta
35030

Peter Schellenbaum:
Die Wunde der Ungeliebten
Blockierung und Verlebendigung der Liebe
dtv 35015

Tanz der Freundschaft
Eine ungewöhnliche Annäherung an das Wesen der Freundschaft
dtv 35067

Claude Steiner:
Wie man Lebenspläne verändert
Das Skript-Konzept in der Transaktionsanalyse
dtv 35053

Who's who
Von Abraham, Kassandra, Hamlet und Schneewittchen

Who's who in der antiken Mythologie

An die 800 Figuren aus der griechischen und römischen Antike - ihre Geschichten sowie ihr Fortleben in bildender Kunst und Literatur.
dtv 30362

Who's who in der Bibel

Die Geschichten von mehr als 450 biblischen Gestalten und ihr Nachleben in Kunst und Literatur.
dtv 30012

Who's who bei Shakespeare

Alles was man über Hamlet & Co. wissen muß. Informatives und Unterhaltsames zu über 300 Figuren: Frauen und Männern, Königen und Schurken, Göttern und Geistern.
dtv 30463

Who's who im Märchen

Über 330 Gestalten - ihre Geschichten und Deutungen sowie Parallelen zu Figuren anderer Märchentraditionen.
dtv 30503

Peter Schellenbaum im dtv

Das Nein in der Liebe
Abgrenzung und Hingabe in der erotischen Beziehung. Warum der Wunsch nach Abgrenzung für eine beständige Liebesbeziehung notwendig ist.
dtv 35023

Gottesbilder
Religion, Psychoanalyse, Tiefenpsychologie
dtv 35025

Abschied von der Selbstzerstörung
Befreiung der Lebensenergie. Heilung für Menschen, die das Leben ein Leben lang vermeiden, die sich verschließen und anderen gegenüber abblocken.
dtv 35016

Die Wunde der Ungeliebten
Blockierung und Verlebendigung der Liebe
dtv 35015

Tanz der Freundschaft
Faszinierend, zu entdecken, was in unserem Leben Freundschaft ist und was sie sein könnte.
dtv 35067

Homosexualität im Mann
Eine tiefenpsychologische Studie. »Ein Buch, das aufräumt mit dümmlichen, aus der Angst geborenen Vorurteilen, das jeden Mann einlädt, seiner geschlechtlichen Identität nachzuspüren.«
dtv. 35079

Nimm deine Couch und geh!
Heilung mit Spontanritualen. Wer sich verändern will, muß sich bewegen! Die Therapiemethode der Psychoenergetik in der Praxis.
dtv 35081

Die besten Geschichten schreibt das Leben selbst

Charlotte Gerber: LügenLeben
Die erschütternde Geschichte einer gutbürgerlichen Kindheit
»Ich habe meine Seele ausgekotzt« – Charlotte Gerber, Tochter einer Berner Beamtenfamilie, deckt schonungslos die verlogenen Strukturen ihrer gutbürgerlichen Kindheit auf, die durch Mißbrauch und Ausbeutung zum Trauma wurde.
30472

Renate Daimler: Verschwiegene Lust
Frauen erzählen von Liebe und Sexualität im Alter
›Verschwiegene Lust‹ bricht das Schweigen um ein Tabuthema: Liebe und Sexualität sind kein Privileg der Jugend, sondern Bestandteil unseres ganzen Lebens. Einundzwanzig Frauen über sechzig berichten, wie sie lieben und was sie fühlen. Sie zeigen, daß »frau« sich nicht als »Alte« fühlen muß, und machen Mut zum Liebesleben jenseits der Fruchtbarkeit.
30473

Christa Jänicke: Mein Leben mußte warten
Der Weg einer trokkenen Alkoholikerin (Originalausgabe)
Eine »trockene« Alkoholikerin gibt Rechenschaft über ihre Erfahrungen: »Hundertprozentige Sicherheit vor den Gefahren eines Rückfalls wird es nie geben. Aber ich habe unendlich viele Möglichkeiten gefunden, daß die Bedrohung an Macht verliert. Und von diesen Möglichkeiten will ich berichten.«
30474

Christy Brown: Ein Faß voll Leben
Selbstbildnis eines irischen Jungen, den Sie »Krüppel« nannten

Der packende Bericht des schwerstbehinderten Christy Brown über seine Kinder- und frühen Jugendjahre im Dublin der vierziger Jahre – geschrieben mit außergewöhnlicher erzählerischer Kraft und bestem irischen Humor.
30476

Elisabeth van Hoesel: Liebesmüh mit alten Eltern
Aus dem Tagebuch einer guten Tochter
Was tun, wenn der einzigen Tochter nichts anderes übrigbleibt, als die alten Eltern bis zum Tod zu pflegen? Ein ehrlicher Rechenschaftsbericht in vielen alltäglichen Szenen.
30475